DIE PORTUGIESISCHE KÜCHE

EINE UNVERGESSLICHE GASTRONOMISCHE REISE DURCH DIE DÜFTE UND FARBEN EINES ZAUBERHAFTEN LANDES

BONECHI

Erklärung der Tabelle

SCHWIERIGKEITSGRAD	GESCHMACKSRICHTUNG	NÄHRWERT
● einfach	● mild	● niedrig
●● niedrig	●● würzig	●● mittel
●●● schwierig	●●● sehr kräftig	●●● hoch

Unsere Rezepte werden, vor allem, wenn die Zubereitung ein wenig mehr Aufmerksamkeit erfordert, zum besseren Verständnis durch eine Fotoreihe erläutert. Wir möchten Ihnen raten, zunächst die Zutatenliste (einschließlich der Angaben in Bezug auf Vorbereitungs- und Garzeiten, Schwierigkeitsgrad, Geschmacksrichtung und Diätwerte) im Einzelnen durchzugehen und dann das Rezept mit den jeweiligen Arbeitsschritten genau zu studieren, bevor Sie sich ans Werk machen. Und, wie immer, guten Appetit!

Verlagsprojekt: Casa Editrice Bonechi
Projektleiter: Alberto Andreini
Konzept und Koordination: Paolo Piazzesi
Grafischer Entwurf: Andrea Agnorelli und Maria Rosanna Malagrinò
Umschlag: Maria Rosanna Malagrinò
Video-Umbruch: Rita Bianucci
Redaktion: Patrizia Chirichigno

Übersetzung: Heide Marianne Siefert

In der Küche: Lisa Mugnai
Diätfachmann: Dr. John Luke Hili

Das Foto auf dem Frontispiz ist Eigentum des Verlagsarchivs der Casa Editrice Bonechi *und wurde von* Andrea Fantauzzo *erstellt.*

Die Fotos der einzelnen Gerichte sind Eigentum des Bonechi-Archivs und wurden von Andrea Fantauzzo *erstellt.*

Die Landschaftsaufnahmen sind Eigentum des Bonechi-Archivs und stammen von: Paolo Giambone und Jean Charles Pinheira.

Bei den Fotos ohne Herstellerangabe ist der Verlag dankbar für eventuelle Hinweise, um spätere Neuauflagen entsprechend ergänzen zu können.

Druck in Italien: Centro Stampa Editoriale Bonechi

***

EINFÜHRUNG

Bei unserem Streifzug durch die kulinarischen Genüsse und Farben der lusitanischen Küche lassen wir die Regionen zu Wort kommen, die mit Stolz auf die berühmtesten Kochschulen verweisen und weltbekannte Gerichte anzubieten haben, ohne jedoch die anderen zu vergessen, die nicht selten wahre gastronomische Schätze bergen. Unsere Reise beginnt im Nordosten, in den Trás-os-Montes. Zwischen Hügeln, grünen Feldern und Weinbergen liegt Peso da Régua, wo die Trauben für den Portwein reifen. Früher wurden die Fässer dieses berühmten Weines hier oder in Pinhão verschifft und fuhren dann den Douro hinunter bis zu den Kellereien in Vila Real, Murça, Miranda do Douro an der spanischen Grenze; wir sehen die Festungsstadt Bragança mit intaktem Mauerring, und Chaves, dessen Thermalwasser schon zur Römerzeit geschätzt wurde und das für seinen hervorragenden Schinken bekannt ist. Aus der herzhaften Küche empfehlen wir *caldo de cebola, bola de bacalhau, coelho de cebolada* und den berühmten *cozido à portuguesa* mit *chicharros*. Am Mündungstrichter des Douro liegt Porto, die zweitgrößte Stadt Portugals, wo der gleichnamige Dessertwein in berühmten Kellereien lagert. Aus der Vielfalt der kulinarischen Spezialitäten des Douro haben wir einige ausgesucht: *santola no carro*, eine spektakuläre Vorspeise, *arroz de bacalhau* und *bacalhau à Gomes de Sá*; köstlich die Desserts wie *aletria com ovos* und der weltberühmte *toucinho do céu*. Weiter nördlich, in Richtung Minho, kommen wir nach Vila do Conde, Barcelos, in das barocke Braga, das mittelalterliche Guimarães und das liebliche Amarante. Neben kraftvollen Kabeljau-Gerichten wie *bacalhau à lagareiro* und *bacalhau podre* können wir hier die *truta à moda de Barroso* mit *tomatada com batatas* kosten. In der Region, die nach dem an der spanischen Grenze verlaufenden Minho-Fluss benannt ist, stoßen wir auf den Fischerei- und Jachthafen Viana do Castelo, Ponte da Barca sowie die antiken Festungsstädte Arcos de Valdevez und Monção. Von hier stammen die hervorragenden Wurstwaren und

Schinkensorten Portugals, wie auch der *vinho verde*- ein prickelnder Rot- und Weißwein. Man darf nicht wegfahren, ohne das Nationalgericht, *caldo verde*, Kohlsuppe mit Kartoffeln, oder *rancho à moda do Minho*, probiert zu haben; weiter geht es dann mit *pastéis de bacalhau, rojões com belouras* und zum Abschluss *arroz doce*.

Südlich des Douro liegen die historischen Provinzen Beira Alta, Beira Baixa und Beira Litoral mit jeweils unterschiedlichem Landschaftsbild. Die Beira Alta ist das Land der alten Burgen, mit dem bekannten Kunstzentrum Viseu und Guarda, der höchstgelegenen Stadt Portugals am Fuß der Serra da Estrela. Hier sollte man neben Schinken, Käse, würzigen *morcelas* (s. Hinweis auf S. 6) und den ausgezeichneten Weinsorten auch *arroz de cabidela* oder *sopa da Beira, bacalhau assado com batatas a murro* und *trutas abafadas*, oder aber *vitela assada* im Salzmantel mit *batatas de caçoila* oder *esparregado de feijão verde* probieren.

Kastanienwälder, Weizenfelder, Gemüsegärten und Weinberge, aus denen der edle Mação stammt, charakterisieren die Beira Baixa, das Herz von Portugal, wo sich zwischen schroffen Felswänden und sanften Hängen Castelo Branco, Fundão, Penamacor, der Wintersportort bei Covilhã, und Belmonte mit seiner schönen Burg abzeichnen. Hier bietet uns eine erlesene Küche *pastéis de molho, bacalhau à Assis, abóbora* und *beringelas fritas* an sowie ein köstliches Cremedessert aus dem Backofen, das *tigelada* heißt.

Zum Schluss besuchen wir die Beira Litoral das Land der legendären Stadt Coimbra mit seinen Kirchen, Fontänen und der alten Universität, ganz in der Nähe der römischen Ruinenstadt Conímbriga, dann Aveiro mit seiner Lagune und den Salinen, Lousã und Figueira da Foz. So abwechslungsreich wie die Landschaft ist auch die Speisekarte mit Fischgerichten, zu denen man guten Wein trinkt. Nach den *mexilhões à moda de Aveiro*, herzhaften Muschelspießchen, raten wir zu *arroz de polvo* oder der rustikalen *migas da Lousã*, danach *bacalhau assado com broa* (Maismehlbrot), *caldeirada de enguias* oder *raia com molho de pitau*. Die Konditorei verwöhnt uns abschließend mit *broinhas de Natal, charcada, lampreia de ovos* und *queijadas de Coim-*

bra. Weiter geht die Fahrt in die historische Provinz Ribatejo am linken Tejo-Ufer, wo Trauerweiden an Teichen und Reisfeldern stehen, mit wunderschönen gotischen Kirchen und den Türmen von Santarém, der Kirche Santa Irmé, der Pfarrkirche von Golegã mit manuelinischem Portal; Abrantes mit seinen weißen, blumengeschmückten Häusern in der Nähe von Tomar, der Stadt der Templer mit der Christusritterburg. Bei einem guten Tropfen aus Cartaxo, Almeirim und Chamusca kosten wir *migas de pão de milho* oder die traditionelle *sopa de pedra*, danach *fataça na telha* oder *cabrito assado*, dazu *batatas de rebolão*, und als Abschluss *fios-de-ovos*.
In der Provinz Estremadura liegt die Perle Portugals: Lissabon, die westlichste Hauptstadt Europas, umgeben von einem Hügelkranz, der sich im Wasser des Tejo und des Ozeans spiegelt. Von dieser Stadt, die so emsig ist wie die Baixa und so melancholisch wie der *Fado*, gastfreundlich und zurückhaltend zugleich, geht es über Estoril und Cascais weiter zur Costa da Prata. Hier grüßen das maurisch anmutende Sintra mit seinen schönen Gärten, Mafra mit dem riesigen Klosterpalast, das historische Torres Vedras und Peniche, das antike Städtchen Óbidos, die Schwefelquellen von Caldas da Rainha, die Strände von Nazaré, die Zisterzienserabtei Alcobaça und das Kloster Batalha, ein Meisterwerk der Gotik. Dann taucht Leiria auf mit seiner Burg und den weiten Pinienhainen, dann Marinha Grande mit dem nahegelegenen Fátima. Die Tafelfreuden sind hier ein Hochgenuss. Zunächst die Vorspeisen: *amêijoas à Bulhão Pato, ovos verdes, pataniscas de bacalhau* und *peixinhos da horta*. Danach kann man wählen zwischen *açorda de camarão* und *sopa rica de peixe, bacalhau à Brás* oder einer erlesenen *lagosta à moda de Peniche, pargo no forno* und *sardinhas assadas*. Wer gern Fleisch isst, kann *bifes de cebolada* und *coelho à caçadora, frango na púcara* und die traditionellen *iscas com elas*, Leberschnitzel mit Kartoffeln, probieren. Oder wie wär's mit *feijoada à portuguesa*, einer köstlichen Bohnenbeilage mit Wurstscheiben? Abschließend empfehlen wir *cavacas das Caldas da Rainha, folar da Páscoa* oder *pastéis de nata*.

Blick von oben auf Santarém.
Vorausgehende Seite, Blick auf den Hafen von Lagos in der Algarve.

Wir nähern uns nun der weiten Hochebene zwischen den historischen Provinzen Ribatejo und Algarve mit ihren Weizenfeldern und Korkeichen, der Wiege edler Städte wie Elvas im Alto Alentejo, das berühmt ist für seine Oliven und Festungsmauern; Estromoz mit einem alten Kastell, Redondo und Évora, wo die Sé aus dem 13. Jahrhundert Kirche und Festung zugleich ist. Im Basso Alentejo liegen Sines, Santiago do Cacém, Grândola und Setúbal, ein bedeutender Hafen in der Mündungsbucht des Rio Sado mit der herrlichen gotisch-manuelinischen Igreja de Jesus. Die große Gastronomie der Landschaft Alentejo mit den ausgezeichneten Weinen Borba, Vidigueira oder Reguengos ist nahrhaft und würzig, etwa die weithin bekannte *açorda à alentejana* und die *migas à alentejana*. Wer Fisch bevorzugt, darf sich die exquisite *sopa de cação* nicht entgehen lassen. Danach probieren wir *empadas de galinha*, gefolgt von *lombo de porco com amêijoas*, das heißt Schweinelende mit Venusmuscheln, oder *peru recheado*, mit *feijão verde à alentejana*. Zum Schluss die süßen Verlockungen, die da heißen: *bolo-podre* und *pão-de-lo de amêndoas*.
Der südlichste Landesteil Portugals ist die Algarve. Der Name kommt aus dem Arabischen "al gharb" und bedeutet "Garten des Westens". In der auf zwei Seiten vom Atlantik umspülten Region wechseln sich Felsenklippen, Buchten und flache Inseln mit weißen Stränden ab. Hier finden wir herrliche Orte wie Vila do Bispo, die Festung Sagres, das geschäftige Lagos und Portimão, das römische Portus Magnus; das auf einem Felsplateau gelegene Albufeira, dann die Mauern und die Kathedrale von Faro, das maurische Olhão, Tavira mit seinen Stränden und der gleichnamigen Insel, und Vila Real de Santo António an der spanischen Grenze. Die Landschaft erinnert schon an das gegenüber liegende Afrika. Hier gibt es eine ausgezeichnete Küche, selbstverständlich vorwiegend auf der Grundlage von Fisch; die Konditorkunst zeigt sich in *morgado*, einer Mandelkrem, die in verschiedensten Formen angeboten wird. Fangen wir an mit *amêijoas na cataplana*, d.h. Venusmuscheln, die in der *cataplana*, der typischen Kupferpfanne mit doppeltem Boden, gedünstet werden, *cenouras em conserva* und *cho-*

quinhos fritos com tinta; anschließend haben wir die Wahl zwischen *arroz de berbigão* und *canja de conquilhas*, *sopa de feijão-manteiga* und *sopa de langueirão*. Aus der Reihe der Fischgerichte kosten wir *atum com tomate*, die weltbekannte *caldeirada* oder *lulas recheadas*. Wer lieber Fleisch isst, darf sich verwöhnen lassen mit *galinha cerejada* und *perna de borrego no tacho* mit *ervilhas à moda do Algarve* oder *favas à algarvia*, und nimmt zum Abschluss *figos recheados*, die berühmten Feigen der Algarve mit der ebenso berühmten Mandelfüllung. Mitten im Atlantik schwimmt ein zauberhafter Garten, die Blumeninsel Madeira mit der Hauptstadt Funchal in der gleichnamigen Bucht, die für ihre bunten Märkte bekannt ist. Dank des idealen Klimas gedeihen hier typische Pflanzen der gemäßigten Zone ebenso wie eine tropische Vegetation, wie Orchideen, Bananen, Ananas und Zuckerrohr. Hier wächst die goldene Rebe, die den ausgezeichneten Madeira liefert. Trotz des großen Fischangebots kann die Insel auch mit anderen gastronomischen Spezialitäten aufwarten. So lassen wir uns nach den pikanten *cebolinhas de escabeche* und *sopa de trigo* auch *cavalas com molho de vilão* oder *carne em vinha-d'alhos com milho frito* schmecken. Unsere Reise durch die portugiesische Küche endet auf den Azoren, die wie Smaragde aus dem blauen Ozean auftauchen: Santa Maria, São Miguel, Formigas, Graciosa, Terceira, São Jorge, Faial, Pico, Flores und Corvo. Das Archipel vulkanischen Ursprungs, Sitz des berühmten Azorenhochs, war früher ein wichtiges Walfanggebiet und lebt heute von Tourismus, Fischerei und Landwirtschaft. Aus der Reihe der vorzüglichen Gerichte seien hier aus Platzgründen nur zwei erwähnt: *cavalas recheadas* und *polvo guisado*. Doch ist die Küche der Azoren sehr reichhaltig (und der Weinkeller sehr gut bestückt).

Die malerische Ponta de Piedade in der Algarve. Oben, Detail eines typischen Bootes auf der Ria de Aveiro.

HINWEIS

In der Zutatenliste der Rezepte sind portugiesische Salami- und Wurstsorten aufgeführt. Nachfolgend geben wir eine Beschreibung, damit Sie bei Bedarf jeweils eine passende Alternative finden können. *Chouriço* (ähnlich wie die spanische *chorizo*) ist eine feste, ungeräucherte, hufeisenförmige Wurst im Schweinedarm (Durchmesser 2,5 bis 4 cm, Länge ca. 40 cm). Sie besteht aus fettem und magerem Schweinefleisch, das mehr oder weniger fein gemahlen, gepökelt und mit Pfeffer, Knoblauch und Paprika gewürzt wird. Manchmal gibt man ein wenig Wein in die Masse. In einigen Gegenden wird die *Chouriço*-Wurst in Öl eingelegt. *Chouriço de sangue* (gebietsweise auch *chouriço mouro* oder *morcela*, und mit der spanischen *morcilla* verwandt) ist eine geräucherte, hufeisenförmige Wurst im Naturdarm aus fettem Hackfleisch und Schweineblut, das mit Salz, Paprika und Kreuzkümmel gewürzt ist (Durchmesser 3 bis 4 cm, Länge 30 bis 50 cm). Hervorragend sind auch die Räucherwürste. Dazu gehört die *farinheira*, eine hufeisenförmige Wurst von maximal 35 cm Länge, die mit einer Masse aus fettem Schweinefleisch, Mehl, Paprika und anderen Gewürzen gefüllt ist; die *salpicão*, eine gerade Wurst (Durchmesser 3,5 bis 4,5 cm, Länge 14 bis 18 cm), enthält eine feine Masse aus magerem und fettem Schweinefleisch, die mit Salz, Pfeffer, Knoblauch und anderen Gewürzen angerichtet wird. Unter den zahlreichen lusitanischen Wurstwaren nimmt der *presunto*, der Schinken, eine besondere Stellung ein. Er stammt vom Vorderbein des Schweins, ist gesalzen, luftgetrocknet, oft auch geräuchert und manchmal mit scharfer Paprikapaste überzogen. Eine häufig genannte Zutat ist auch *piri-piri*. Damit ist die frische, meist rote Paprikaschote gemeint, die je nach Herkunftsgebiet mehr oder weniger pikant und unterschiedlich groß sein kann. Mit dem Begriff "Paprikapulver", der sowohl in der Zutatenliste als im Text der Rezepte auftaucht, bezeichnet man ein Gewürz, das (ähnlich wie das spanische *pimentón*) aus getrockneten Paprikaschoten der Spezies *capsicum annuum* hergestellt wird. Die Schoten sind rot, mild oder pikant (die Verwendung hängt ganz vom persönlichen Geschmack oder von den regionalen Gewohnheiten ab). In Englisch sprechenden Ländern wird das Gewürz als *Paprika* bezeichnet, doch handelt es sich nicht eigentlich um den ungarischen Paprika, der aus indischen Paprikasorten mit kleiner Frucht und scharfem Aroma gewonnen wird, sondern um Varietäten, die aus der Neuen Welt stammen. Dennoch kann man diesen Paprika, trotz der Unterschiede in Geschmack, Farbe und gastronomischer Ergiebigkeit, wie auch Paprikapulver aus Bio-Läden als Ersatz verwenden.

DIE MEINUNG DES DIÄTFACHMANNS

Die portugiesische Küche reiht sich zu Recht in die Gesamtheit der gastronomischen Traditionen ein, die allgemein unter dem Begriff "mediterrane Kost" zusammengefasst sind. Diese Kost besitzt in der Tat einige sehr positive Eigenschaften, vor allem die Kohlenhydrate, die etwa 55-60 % des täglichen Kalorienbedarfs decken und hauptsächlich aus sogenannten komplexen Kohlenhydraten oder Stärken bestehen. Diese großen zuckerhaltigen Moleküle sind die Energiespender für den ganzen Tag. Die Proteinzufuhr schwankt hingegen um 15 % und stammt vorwiegend aus hellem Fleisch und Blaufisch. Dabei handelt es sich um Proteine mit hohem biologischem Wert und mehrfach ungesättigten Fettsäuren, die Herzkranzgefäßkrankeiten vorbeugen. Den Fettanteil, 25-30 % des täglichen Kalorienbedarfs, stellt großenteils die Ölsäure, ein einfach ungesättigtes Lipid und Hauptkomponente des Olivenöls, das in der mediterranen Küche sowohl zum Kochen als auch roh zum Anrichten verwendet wird. Mit den mehrfach ungesättigten Fettsäuren dient es der Vorbeugung von Arteriosklerose und weist einen hohen "Rauchpunkt" auf, das heißt es beginnt erst bei hoher Temperatur, sich zu verändern und unserer Gesundheit zu schaden (gesättigte Fettsäuren). Die Zufuhr von Fasern beträgt mindestens 25 Gramm pro Tag. Sie stammen aus den für das Mittelmeerbecken typischen pflanzlichen Stoffen, fördern die Verdauungsfunktion, senken den Cholesterinspiegel und beugen Tumoren vor. Die portugiesische Küche macht in großem Maße Gebrauch von Paprikaschoten und anderen Gewürzen, die den Gerichten einen herzhaften Geschmack verleihen oder sie verfeinern. Früher wurden sie, vor allem in den warmen Ländern, als Konservierungsmittel verwendet. Insgesamt ist die portugiesische Küche vom Standpunkt der Ernährung aus durchaus gesund. Man sollte ihr deshalb unbedingt Beachtung schenken.

VERZEICHNIS DER REZEPTE

VORSPEISEN UND APPETITANREGER

REIS, SUPPEN UND EINTOPFGERICHTE

FISCH, FRISCH UND GEPÖKELT, KRUSTENTIERE, MOLLUSKEN

Die eleganten "barcos moliceiros" befahren die Kanäle von Aveiro, dem "portugiesischen Venedig".

FLEISCH UND GEFLÜGEL

GEMÜSE UND HÜLSENFRÜCHTE

GEBÄCK UND DESSERTS

Teil einer Gartenansicht des ehemaligen Bischofspalastes in Castelo Branco.

VORSPEISEN UND APPETITANREGER

Eine Auswahl an petiscos,
Appetitanregern und Vorspeisen, als Auftakt zu jedem Anlass, Meeresfrüchte und ländliche Spezialitäten, zu denen hervorragende Weiß- und Roséweine gereicht werden. Bei diesen leicht durchführbaren Rezepten, die genuin und gut bekömmlich sind, wird weitgehend auf komplizierte Saucen und Dips verzichtet. Eine ganze Palette einfacher, aber unwiderstehlicher Leckerbissen, die den Charakter Portugals und seiner Menschen widerspiegeln.

1

Amêijoas à Bulhão Pato

Venusmuscheln mit Zitrone ☛ *Estremadura*

800 g Venusmuscheln
2 Knoblauchzehen
2 Zitronen
Korianderblättchen
2 Scheiben geröstetes Brot
(zum Servieren)
Pfeffer
Olivenöl

Portionen: 6
Vorbereitungszeit: 5'
Kochzeit: 10'
Schwierigkeitsgrad: ●
Geschmacksrichtung: ●●
Kalorien (pro Portion): 210
Proteine (pro Portion): 10
Lipide (pro Portion): 12
Nährwert: ●●●

Die Knoblauchzehen in einer breiten Bratpfanne mit 2-3 Esslöffel Öl goldgelb werden lassen, herausnehmen und die abgetropften Venusmuscheln (siehe unten) heineingeben. Die Flamme herunterdrehen, ein paar Korianderblättchen zufügen und köcheln lassen; dabei die Pfanne ab und zu mit kreisender Bewegung rütteln, bis sich alle Muscheln geöffnet haben (geschlossene Muscheln aussortieren). Einen Hauch Pfeffer darüberstreuen und mit dem Saft einer Zitrone beträufeln. Die Muscheln mit Zitronenspalten und - nach Belieben - mit gerösteten Brotstreifen anrichten und sofort servieren. Eine ganz simple, köstliche Vorspeise.

Venusmuscheln (wie auch Tellmuscheln und andere Schaltiere) müssen vor dem Zubereiten lange gewässert werden. Am besten legt man sie in eine Schüssel mit schwach gesalzenem Wasser, das zwei- oder dreimal erneuert wird, bis der ganze Sand ausgespült ist. Man kann auf den Schüsselboden einen umgekehrten Teller legen, unter dem sich der Sand sammelt. Da Muscheln bereits durch das Meerwasser salzhaltig sind, erübrigt sich gewöhnlich das Salzen. Wer dennoch nicht darauf verzichten mag, kann die Muscheln ein wenig nachsalzen.

AMÊIJOAS NA CATAPLANA

Venusmuscheln in der "cataplana" ☛ *Algarve*

1 kg Venusmuscheln
1 Zwiebel
50 g magerer geräucherter Schinken (eine Scheibe)
50 g *chouriço* (s. Hinweis)
Paprikapulver (edelsüß)
piri-piri (s. Hinweis)
1 Sträußchen Petersilie
Pfeffer
Olivenöl

Die Muscheln zweimal wässern, damit Sand und sonstiger Schmutz herausgespült werden (siehe Hinweis auf vorstehender Seite). Die Zwiebel häuten, in Streifen schneiden und mit 2-3 Esslöffel Olivenöl in einer *cataplana* sacht andünsten. Die entkernte, klein geschnitttene Paprikaschote (*piri-piri*) und je eine Prise Pfeffer und Paprikapulver hinzufügen. Sobald die Zwiebel glasig geworden ist, den gewürfelten Schinken, die zerkleinerte *chouriço*, die Venusmuscheln und die Petersilie dazugeben. Die *cataplana* zudecken und alles 20 Minuten köcheln lassen. Den Deckel von der *cataplana* nehmen, die geschlossenen Mollusken entfernen und das Gericht sofort auf den Tisch bringen.

Die* cataplana *ist ein typischer Kochtopf der Algarve, wird aber auch in anderen Regionen Portugals verwendet. Dieser bauchige Topf aus verzinktem Kupfer mit hermetisch schließendem Deckel ist ideal zum Garziehen von Meeresfrüchten und vielen anderen Gerichten auf der Grundlage von Reis, Fleisch und Fisch. Man findet ihn in Fachgeschäften nicht nur in Portugal. Ersatzweise kann man entweder einen Dampfdrucktopf nehmen, der nur wenig kürzere Garzeiten hat, sich aber - im Gegensatz zur* cataplana *- nicht für die Backröhre eignet, oder einen Römertopf mit gut schließendem Deckel, den man eventuell festbindet.

Portionen: 8
Vorbereitungszeit: 6'
Kochzeit: 20'
Schwierigkeitsgrad: ●
Geschmacksrichtung: ●●●
Kalorien (pro Portion): 202
Proteine (pro Portion): 11
Lipide (pro Portion): 19
Nährwert: ●●●

CEBOLINHAS DE ESCABECHE

Essigzwiebeln ☛ *Madeira*

1 kg junge Zwiebeln
1 Lorbeerblatt
2-3 Gewürznelken
Piment aus Jamaika (s. S. 61)
piri-piri (s. Hinweis)
Grobes Salz
Rotwein-Essig

Portionen: 8
Vorbereitungszeit: 10'+ 72h
Kochzeit: 10'
Schwierigkeitsgrad: ●
Geschmacksrichtung: ●●
Kalorien (pro Portion): 31
Proteine (pro Portion): 1
Lipide (pro Portion): 0
Nährwert: ●

Die Zwiebeln häuten, putzen und in reichlich kochendem Salzwasser (ca. 10 Minuten) blanchieren. Abgießen, sorgfältig trockentupfen und in ein Ton- oder Glasgefäß mit gut schließendem Deckel geben. Mit einer Prise Salz würzen und mit Essig bedecken. Das Lorbeerblatt, etwa zehn Pimentkörner, die Gewürznelken und eine ganze rote Paprikaschote (*piri-piri*) zufügen. Das Gefäß zudecken und mindestens 3 Tage ruhen lassen. Die Zwiebeln sind eine appetitanregende Vorspeise, eignen sich aber auch als köstliche Beilage zu Suppenfleisch oder gekochtem Fisch.

CENOURAS EM CONSERVA

Essigkarotten ☛ *Algarve*

3 Karotten (oder 4 kleine)
4 Knoblauchzehen
1 Sträußchen Petersilie
Paprikapulver (edelsüß)
Schwarze Oliven in Salzlake (nach Belieben)
1 Gewürznelke (nach Belieben)
Rotwein-Essig
Salz

Portionen: 6
Vorbereitungszeit: 15'+3h
Kochzeit: 12'
Schwierigkeitsgrad: ●
Geschmacksrichtung: ●●
Kalorien (pro Portion): 17
Proteine (pro Portion): 1
Lipide (pro Portion): 0
Nährwert: ●

Die Karotten putzen, schälen und in reichlich Salzwasser 12 Minuten abkochen. Abgießen und abkühlen lassen, dann in 7-8 mm dicke Scheiben schneiden, in eine Schüssel geben und ein volles Glas Essig darübergießen. Die abgezogenen und fein gehackten Knoblauchzehen, die gehackte Petersilie, einen Teelöffel Paprikapulver und (nach Belieben) eine zerriebene Gewürznelke hinzufügen. Alles mindestens drei Stunden im Kühlschrank ruhen lassen, ab und zu umrühren. Die Karotten auf einem Tablett anrichten, (nach Belieben) mit schwarzen entkernten Oliven dekorieren und als Appetitanreger servieren.

CHOQUINHOS FRITOS COM TINTA

Gebackene Sepien ☛ *Algarve*

800 g kleine Sepien
4 Knoblauchzehen
1 Lorbeerblatt
Grüner Salat und Kirschtomaten (als Beilage)
Salz und Pfeffer
Olivenöl

Portionen: 6
Vorbereitungszeit: 20′
Kochzeit: 30′
Schwierigkeitsgrad: ●●
Geschmacksrichtung: ●●
Kalorien (pro Portion): 311
Proteine (pro Portion): 17
Lipide (pro Portion): 27
Nährwert: ●●●

Die Sepien gründlich abbrausen. Knochen, Knorpel und Eingeweide herausnehmen, möglichst ohne den Rumpf von den Tentakeln zu trennen, und vor allem die Tintenblasen intakt lassen. Den abgezogenen Knoblauch und das Lorbeerblatt in einer Kasserolle mit einem halben Glas Öl andünsten, die gut trockengetupften Sepien hinzufügen, den Deckel daraufgeben und auf mittlerer bis niedriger Flamme kochen lassen. Ab und zu umrühren.
Nach zehn Minuten nehmen die Mollusken eine rote Farbe an. Jetzt eine Prise Salz und Pfeffer darüberstreuen, den Topf wieder zudecken und noch einmal ungefähr zwanzig Minuten kochen lassen, bis das Öl wieder so klar ist wie am Anfang. Die Sepien mit einem Schaumlöffel herausnehmen, auf Küchenkrepp abtropfen lassen und auf einem grünen Salatbett mit Kirschtomaten anrichten.

Mexilhões à moda de Aveiro

Gebackene Miesmuscheln am Spieß ☛ *Beira Litoral*

1 kg Miesmuscheln
1 Lorbeerblatt
2 Gewürznelken
30 g Mehl
Weißwein-Essig
Kirschtomaten (zum Anrichten)
Salz und Pfeffer
Olivenöl
Frittieröl

Portionen: 8
Vorbereitungszeit: 15'+8h+48h
Kochzeit: 10'
Schwierigkeitsgrad: ●●
Geschmacksrichtung: ●●
Kalorien (pro Portion): 433
Proteine (pro Portion): 8
Lipide (pro Portion): 37
Nährwert: ●●●

Eine volles Glas Essig in ein Schüsselchen gießen, einen Esslöffel Olivenöl, ein Lorbeerblatt, eine Prise Salz und Pfeffer und die Gewürznelken hinzufügen. Die Schüssel zudecken und die Vinaigrette 6-8 Stunden ruhen lassen; ab und zu umrühren. Die Muscheln säubern, d.h. abkratzen und den "Bart" zwischen den Schalen entfernen, und in einem breiten flachen Topf ohne Wasser und ohne Öl zugedeckt aufgehen lassen. Die Mollusken aus den Schalen lösen, abtropfen lassen und sorgfältig trockentupfen, dann in etwas Mehl wenden und je 3-4 auf einmal auf Holzspießchen aufreihen. Die Spieße in reichlich siedendem Öl goldgelb frittieren (ca. 5 Minuten), herausnehmen und auf Küchenkrepp abtropfen lassen. Die gebackenen Muscheln in eine tiefe Terrine legen und mit der Vinaigrette übergießen. Mindestens 48 Stunden ziehen lassen und ab und zu mit der Sauce benetzen. Zu dieser schmackhaften Vorspeise passen kleine Kirschtomaten.

OVOS VERDES

Gebackene Petersilieneier ☛ *Estremadura*

9 Eier und ein Eiweiß
1 Bund Petersilie
30 g Mehl
Gemischter Salat
(zum Anrichten)
Salz und Pfeffer
30 g Butter
Frittieröl

Portionen:	8
Vorbereitungszeit:	15′
Kochzeit:	30′
Schwierigkeitsgrad:	●●
Geschmacksrichtung:	●●
Kalorien (pro Portion):	454
Proteine (pro Portion):	11
Lipide (pro Portion):	37
Nährwert:	●●●

8 Eier mit kaltem Wasser aufsetzen, zum Kochen bringen und 7 Minuten hart kochen. Ein wenig abkühlen lassen und pellen. Die Eier dann der Länge nach halbieren, die Eidotter herausnehmen, in eine Schüssel geben und mit der Gabel zerdrücken. Die gehackte Petersilie, die weiche Butter, Salz und Pfeffer daruntermengen. Mit dieser Farce die Eier gehäuft füllen, dann zuerst in Mehl und anschließend in dem verbliebenen verquirlten Ei und dem zusätzlichen Eiweiß wenden und in reichlich heißem Öl goldgelb ausbacken. Die Eier auf einem gemischten Salatbett anrichten und als Vorspeise servieren.

PEIXINHOS DA HORTA

Gebackene Bohnen ☛ *Estremadura*

500 g grüne Bohnen
100 g Mehl
1 Ei
1 Stück Zwiebel
Trockener Weißwein
(nach Belieben)
1 Zitrone (zum Garnieren)
Salz
Frittieröl

Portionen: 6
Vorbereitungszeit: 15'+30'
Kochzeit: 20'
Schwierigkeitsgrad: ●●
Geschmacksrichtung: ●●
Kalorien (pro Portion): 339
Proteine (pro Portion): 38
Lipide (pro Portion): 42
Nährwert: ●●●

Die Bohnen putzen und 3-4 Minuten in kochendem Salzwasser abkochen, abgießen und beiseite stellen (längere Bohnen halbieren). Das Mehl mit einer Prise Salz in eine Schüssel geben, ein Glas Wasser (nach Belieben mit einem Schuss Weißwein) zufügen und mit dem Mixgerät verrühren, bis ein glatter, flüssiger Backteig entsteht; dann auch das Ei und die fein gehackte Zwiebel daruntermischen. Den Teig eine halbe Stunde stehen lassen. Die Bohnen in den Backteig tauchen und ein paar Minuten ruhen lassen. Dann löffelweise in reichlich heißem Öl frittieren, herausheben und auf Küchenkrepp abtropfen lassen.
Die Bohnenküchlein leicht mit Salz bestreuen, mit Zitronenachteln garnieren und auftragen.
Für dieses Gericht eignen sich alle Bohnen, doch schreibt das portugiesische Originalrezept die sogenannten "Lima-Bohnen" vor, junge grüne Bohnen von besonderer Qualität.

PATANISCAS DE BACALHAU

Kabeljauküchlein ☛ *Estremadura*

800 g eingeweichter Kabeljau
150 g Mehl
1 Zwiebel
1 Ei
2 dl Milch
2 Zitronen (davon eine zum Garnieren)
1 Sträußchen Petersilie
Salz und Pfeffer
Frittieröl
Olivenöl

Portionen: 8
Vorbereitungszeit: 15'+2h15'
Kochzeit: 15'
Schwierigkeitsgrad: ●●●
Geschmacksrichtung: ●●
Kalorien (pro Portion): 470
Proteine (pro Portion): 20
Lipide (pro Portion): 37
Nährwert: ●●●

1

2

3

4

1 Den Kabeljau abtropfen lassen, häuten und zurichten, d.h. eventuelle Gräten und Knorpelteile entfernen, und in gleichmäßige Filets schneiden. Die Milch in eine Schüssel gießen und mit dem Zitronensaft verrühren, dann die Kabeljaufilets zwei Stunden darin marinieren; ab und zu wenden, damit die Marinade gleichmäßig einzieht.

2 Mehl, Ei, einen Esslöffel Olivenöl und eine Prise Salz und Pfeffer in eine große Schüssel geben und, unter Zugabe von etwas Wasser, mit dem Mixer verquirlen, bis ein glatter dickflüssiger Backteig entsteht. Die Zwiebel und die Petersilie fein hacken und daruntermischen.

3 Die Kabeljaufilets aus der Marinade nehmen, abtropfen lassen, zerkleinern und unter den Backteig mischen; alles etwa eine Viertelstunde ruhen lassen. Dann die *pataniscas* löffelweise in reichlich siedendem Öl frittieren.

4 Die fertigen goldgelben Kabeljauküchlein mit einem Schaumlöffel herausnehmen, auf Küchenkrepp abtropfen lassen und mit etwas Salz bestreuen. Mit Zitronenachteln garnieren und als heiße Vorspeise servieren.

Eine Ansicht des Kastells von Leiria.

2 Krabben (ca. 800 g)
300 g Paniermehl
(von Mehrkornbrot)
1 Zwiebel
1 Sträußchen Petersilie
(auch zum Garnieren)
Scharfer Paprika
Trockener Portwein
Kirschtomaten
(zum Garnieren)
Salz und Pfeffer
Olivenöl

Portionen: 6
Vorbereitungszeit: 25′
Kochzeit: 15′
Schwierigkeitsgrad: ●●
Geschmacksrichtung: ●●
Kalorien (pro Portion): 369
Proteine (pro Portion): 14
Lipide (pro Portion): 10
Nährwert: ●●

SANTOLA NO CARRO

Gefüllte Krabben ☛ *Douro*

1 Die Krabben waschen und 5-6 Minuten in reichlich kochendem Salzwasser abbrühen und abgießen (das Wasser aufheben). Wenn sie abgekühlt sind, die Panzer mit einem spitzen Gerät aufknacken, ohne sie zu beschädigen. Die untere Panzerhälfte entleeren, d.h. das Krabbenfleisch aufheben und den Sack mit dem sandigen Inhalt neben dem Kopf entfernen. Die Zwiebel häuten, fein hacken und mit 2-3 Esslöffel Öl in der Pfanne goldgelb andünsten. Die Pfanne vom Herd nehmen und das Krabbenfleisch, das Paniermehl, die gehackte Petersilie, eine Prise Salz, Pfeffer und Paprikapulver mit der Zwiebel vermischen. Die Pfanne wieder aufsetzen, die Flamme hochdrehen und ein halbes Glas Portwein zugießen. Alles etwa zwei Minuten durchziehen lassen, umrühren und in eine Schüssel umfüllen.

2 Den unteren Panzerteil löffelweise mit der Farce füllen und glatt streichen. Den oberen Panzerteil wieder aufsetzen und die gefüllten Krabben bei 140 °C im Backofen aufwärmen, jedoch nicht gratinieren. Die Krabben mit Petersilienblättchen und Kirschtomaten garnieren und *no carro* (d.h. im eigenen Panzer) lauwarm servieren.

1

2

REIS, SUPPEN UND EINTOPFGERICHTE

Einfach, herzhaft und phantasiereich:
drei "Zutaten", die nie fehlen dürfen
auf der lusitanischen Tafel, in dieser Sparte
aber ganz besonders zur Geltung kommen.
Außer der weltbekannten caldo verde *finden Sie*
weitere Rezepte, die mitten aus der Tradition
portugiesischer Kochkunst herrühren
und die zeigen, was man mit naturreinen
und "bescheidenen" Zutaten der Hausmannskost
alles zaubern kann. Reis macht dem Brot
als wichtigste Zutat den Rang streitig.
Beide überbieten sich an Vielseitigkeit
und passen hervorragend zu Fisch, Mollusken
und Krustentieren, aber auch zu Fleisch
und Wurstwaren, zu Hülsenfrüchten,
Kräutern und Gemüse.
Eine bunte Palette mit Rezepten, die - nach
modernen ernährungswissenschaftlichen
Erkenntnissen - auch als Tellergerichte für jede
Gelegenheit in Frage kommen.

2

ARROZ DE BACALHAU

Reis mit Kabeljau ☛ *Douro*

300 g Reis
500 g nicht eingeweichter Kabeljau
1 Zwiebel
3 reife Tomaten
Olivenöl

Portionen: 4
Vorbereitungszeit: 10′
Kochzeit: 45′
Schwierigkeitsgrad: ●●
Geschmacksrichtung: ●●●
Kalorien (pro Portion): 469
Proteine (pro Portion): 27
Lipide (pro Portion): 10
Nährwert: ●●

1 Der Kabeljau wird diesmal nicht wie sonst eingeweicht, sondern nur unter fließendem kaltem Wasser gewaschen, abgezogen und in Portionsstücke geschnitten. Die Zwiebel häuten, in Streifen schneiden und in einer Kasserolle (möglichst aus Terrakotta)* mit 3-4 Esslöffel Öl leicht andünsten. Den Kabeljau zufügen und etwa 10 Min. durchziehen lassen. Dann die gewaschenen und entkernten Tomaten hineingeben und auf kleinster Flamme weitere 10 Min. mitdünsten.

2 Nun den Topf mit ca. 2 Liter Wasser auffüllen und alles zum Kochen bringen. Den Reis einstreuen und bei schwacher Hitze kernig kochen (mit Salz vorsichtig umgehen). Das Reisgericht mit den Kabeljaustücken heiß servieren.

*** Die Kasserolle versteht sich im Folgenden immer "nach Möglichkeit aus Terrakotta und mit Deckel".***

ARROZ DE BERBIGÃO

Reis mit Meeresfrüchten ☛ *Algarve*

1

2

300 g Risotto- oder Auflaufreis
1 kg *berbigões* (siehe unten)
4-5 Knoblauchzehen
1 Sträußchen Koriander
Petersilie
Salz und Pfeffer
Olivenöl

Portionen: 4
Vorbereitungszeit: 10′
Kochzeit: 30′
Schwierigkeitsgrad: ●●
Geschmacksrichtung: ●●
Kalorien (pro Portion): 469
Proteine (pro Portion): 20
Lipide (pro Portion): 14
Nährwert: ●●

1 Die Mollusken mindestens zweimal in sauberes Wasser legen, damit sie allen Sand und Schmutz abgeben. Die gesäuberten *berbigões* tropfnass in die *cataplana* (s. Seite 11) oder in einen ähnlichen Topf geben, zudecken und bei schwacher Hitze aufsetzen, bis die Muscheln sich geöffnet haben. Dann herausnehmen, abgießen und warm stellen. Das ganze Muschelwasser aufheben. Die Knoblauchzehen abziehen, blättrig schneiden und mit 5-6 Esslöffel Öl in der *cataplana* sacht andünsten. Soviel von dem filtrierten und mit schwach gesalzenem Wasser verdünnten Muschelwasser zugießen, wie der Reis zum Garen benötigt, das Koriandersträußchen hineinlegen und nach dem Aufkochen noch ca. 5 Minuten kochen lassen.

2 Das Koriandersträußchen herausnehmen und den Reis einstreuen. Salzen und pfeffern und die *cataplana* zudecken. Den Reis ganz sacht köcheln lassen, sodass er fast die ganze Flüssigkeit aufsaugt (man kann den Reis auch bei 180 °C im Backofen garen, muss aber die doppelte Garzeit berechnen). Nach knapp fünfzehn Minuten den Topf vom Feuer nehmen und den Deckel abnehmen. Den Reis mit den *berbigões* belegen und mit frisch gehackter Petersilie bestreuen.

***Berbigão** (Plural **berbigões**) ist eine zweischalige Muschel (**cerastoderma edule**, ähnlich wie **cardium edule**). Die Muschel von schmutziger Elfenbeinfarbe ist sehr gewölbt und gleichmäßig gerillt. Die Molluske neigt zu gelblicher Farbe. Ersatzweise kann man auch kleine Venusmuscheln nehmen.*

ARROZ DE CABIDELA

Reis mit Huhn ☛ *Beira Alta*

300 g Risotto- oder Auflaufreis
1 Huhn (ca. 1,2 kg, kochfertig)
1 Zwiebel
1 Knoblauchzehe
1 Lorbeerblatt
1 Sträußchen Petersilie
carqueja (s. nebenstehend)
Tomatenmark in der Tube
(nach Belieben)
Roter Weinessig
Salz und Pfeffer
Olivenöl

Portionen: 4
Vorbereitungszeit: 15′
Kochzeit: 50′
Schwierigkeitsgrad: ●●
Geschmacksrichtung: ●●
Kalorien (pro Portion): 623
Proteine (pro Portion): 32
Lipide (pro Portion): 27
Nährwert: ●●●

1

1 Das Huhn in (etwa 20) Portionsstücke zerlegen und mit 3-4 Esslöffel Öl, der klein geschnittenen Zwiebel, der abgezogenen und zerdrückten Knoblauchzehe, einem Lorbeerblatt, der Petersilie, einem *carqueja*-Blatt und einer Prise Salz und Pfeffer in eine Kasserolle geben. Die Herdstelle einschalten, den Topf zudecken und bei schwacher Hitze alles kochen lassen. Gegebenenfalls einen Tropfen Wasser zugießen, damit das Fleisch nicht austrocknet.

2 Nach etwa einer halben Stunde 1,5 Liter Wasser zugießen. Den Deckel daraufgeben und zum Kochen bringen. Den Reis einstreuen und in der Brühe (ca. 20 Minuten) bei offenem Topf sacht garen lassen, bis die Flüssigkeit fast ganz aufgesogen ist. Ab und zu umrühren.

3 Einige Minuten vor Ende der Garzeit ein knappes Glas Essig zufügen. Nach Belieben kann man einen Esslöffel Tomatenmark darain auflösen. Umrühren und den Reis noch einmal kurz aufkochen lassen. Dann von der Herdstelle nehmen und sofort auftragen. Wie bei vielen portugiesischen ersten Gängen handelt es sich auch bei diesem Reisgericht mit Huhn um einen sättigenden Eintopf.

Panorama von Mantaigas, einer kleinen Stadt in der Umgebung von Guarda.

Carqueja (genistella trilobata) ist ein niedriges Strauchgewächs, das in Portugal (und auch in bestimmten Gegenden Spaniens, wo es carqueisa heißt) sehr verbreitet ist; außer den stark duftenden Blättern wird auch das Holz als Brennmaterial zum Grillen verwendet. Als Alternative kann man Thymian nehmen.
Das traditionelle Rezept schreibt anstatt des Tomatenmarks mit Essig vermischtes Hühnerblut vor, aber auch edelsüßes Paprikapulver erfüllt den gleichen Zweck.

1

2

- 300 g Auflaufreis
- 1 Tintenfisch (oder mehrere kleine, 600-700 g)
- 1 Zwiebel
- Salz und Pfeffer
- Olivenöl

Portionen: 4
Vorbereitungszeit: 20′
Kochzeit: 1h 15′
Schwierigkeitsgrad: ●●
Geschmacksrichtung: ●●
Kalorien (pro Portion): 377
Proteine (pro Portion): 7
Lipide (pro Portion): 82
Nährwert: ●●

ARROZ DE POLVO

Reis mit Tintenfisch ☛ *Beira Litoral*

1 Den Tintenfisch zurichten, d.h. die Eingeweide herausnehmen, die Augen und den Mund entfernen, und unter fließendem kaltem Wasser abbrausen. Den Tintenfisch dann in leicht gesalzenem Wasser bei offenem Topf etwa 20 Minuten abkochen und im Kochwasser erkalten lassen. Abgießen und in Stücke schneiden. Die Zwiebel häuten, klein hacken und mit 3-4 Esslöffel Öl in einer Kasserolle (oder in einer feuerfesten *cataplana* mit Deckel, s. Seite 11) andünsten. Den Tintenfisch hinzugeben und mit einer Prise Salz und Pfeffer würzen. Unter Umrühren alles durchziehen lassen, dann zwei Esslöffel von der inzwischen wieder erwärmten Brühe zugießen. Den Topf zudecken und das Gericht köcheln lassen, dabei immer etwas Brühe nachgießen. Auf kleiner Flamme und bei offenem Topf den Tintenfisch zu Ende garen.

2 Die restliche Kochbrühe mit soviel Wasser verdünnen, wie für das Garen des Reises benötigt wird (ca. 1,5 l) und zum Kochen bringen. Den Reis einstreuen, salzen und umrühren. Dann die Kasserolle vom Herd nehmen, zudecken und in den bei 160 °C vorgeheizten Backofen schieben. Den Reis aufquellen lassen, bis die ganze Flüssigkeit aufgesogen ist. Die Kasserolle herausnehmen, den Reis mit rohem Olivenöl beträufeln und auftragen.

AÇORDA À ALENTEJANA

Brotsuppe mit Knoblauch ☛ *Alentejo*

6 dicke Scheiben hausbackenes Brot vom Vortag
4 Eier
3-4 Knoblauchzehen
1 Strauß Koriander (oder Polei, ein minzeähnliches Kraut)
1,5 l Gemüsebrühe (Brühwürfel)
Oliven in Salzlake (als Beilage)
Grobes Salz
Olivenöl

Portionen: 4
Vorbereitungszeit: 15'
Kochzeit: 10'
Schwierigkeitsgrad: ●●
Geschmacksrichtung: ●●●
Kalorien (pro Portion): 522
Proteine (pro Portion): 21
Lipide (pro Portion): 22
Nährwert: ●●●

Die Eier 7 Minuten hart kochen. Den Koriander, den abgezogenen Knoblauch und einen gestrichenen Esslöffel grobes Salz im Mörser zerstoßen (oder im Mixer pürieren). Die Paste in eine Terrine umfüllen und 4-5 Esslöffel Öl und die warme Gemüsebrühe (siehe Untertitel) zugießen. Das Brot in große Stücke schneiden, in die Brühe geben und die Terrine zudecken (ohne Deckel bleibt die Brotsuppe trockener).
In der Zwischenzeit die abgekühlten Eier pellen und auf die Brotsuppe legen (man kann sie auch extra servieren), den Deckel wieder darauflegen und die *açorda* auf den Tisch bringen. Dazu Oliven reichen.

Die Gemüsebrühe ist eine Erfindung von uns. Die traditionelle **açorda** ***wird in Wirklichkeit nur mit warmem Wasser oder mit der Kochbrühe von Kabeljau oder Glasfischchen zubereitet. Außer hartgekochten Eiern und Oliven kann man zur*** **açorda** ***auch Sardinen oder gebackene Sardellen, grüne Paprikastreifchen, Kräuter und sogar Feigen und Trauben reichen.***

AÇORDA DE CAMARÃO

Brotsuppe mit Scampi ☛ *Estremadura*

- 1 kg Scampi (oder Garnelen)
- 5-6 Scheiben hausbackenes Brot vom Vortag
- 3 Knoblauchzehen
- 2 Eidotter
- Scharfes Paprikapulver
- 1 Sträußchen Petersilie
- Trockener Weißwein
- Salz und Pfeffer
- Olivenöl

Portionen: 4
Vorbereitungszeit: 20′
Kochzeit: 1h
Schwierigkeitsgrad: ●●
Geschmacksrichtung: ●●●
Kalorien (pro Portion): 526
Proteine (pro Portion): 44
Lipide (pro Portion): 31
Nährwert: ●●●

1 Die Krustentiere waschen und in 2 Liter schwach gesalzenem kochendem Wasser, unter Zugabe der Petersilie und einem Schluck Wein, kurz brühen. Abgießen und das Wasser aufheben. Die Scampi pulen (4 in der Schale lassen zum Garnieren), den Darmtrakt sorgfältig entfernen und die Scampi warmstellen. Die Köpfe, die Schalen und Scheren wieder in das Kochwasser geben und noch ca. eine halbe Stunde kochen. Die Brühe durch ein feines Sieb filtrieren, in eine Terrine gießen und die Brotstücke hineinlegen.

2 Den Knoblauch in einer großen Kasserolle mit 4-5 Esslöffel Öl goldgelb andünsten, dann die Brühe und das Brot hineingeben und unter Umrühren durchziehen lassen. Sobald das Brot aufgeweicht ist, den Brei mit Salz, Pfeffer und einer Prise Paprikapulver würzen. Die Scampi vorsichtig unterheben und den Topf sofort von der Kochstelle nehmen. Die Brotsuppe ein wenig abkühlen lassen und die Eidotter einrühren. Die *açorda* mit den zurückbehaltenen Scampi und Petersilie garnieren. Ersetzt ein Hauptgericht.

1

2

CALDO DE CEBOLA

Zwiebelsuppe mit Kartoffeln ☛ *Trás-os-Montes*

4 (mittelgroße) Kartoffeln
3 Zwiebeln
100 g *salpicão* (ein Stück, siehe Hinweis)
Salz
Olivenöl

Portionen: 4
Vorbereitungszeit: 10′
Kochzeit: 35′
Schwierigkeitsgrad: ●
Geschmacksrichtung: ●●●
Kalorien (pro Portion): 357
Proteine (pro Portion): 13
Lipide (pro Portion): 17
Nährwert: ●●

Eine sehr einfache, köstliche und nahrhafte Suppe. Die Kartoffeln schälen und in reichlich schwach gesalzenem Wasser (ca. 2 l), unter Zugabe von 2-3 Esslöffel Öl und dem Stück *salpicão* kochen, abgießen und warmstellen. In dem Kartoffelwasser die gehäuteten und in Spalten geschnittenen Zwiebeln kochen und vorsichtig salzen. In jede Suppenschale eine Kartoffel (oder mehrere, wenn sie klein sind) und ein paar Scheiben *salpicão* legen und die Brühe mit den Zwiebeln darüber gießen. Sofort servieren.
Auch hier kann man getrost auf das Hauptgericht verzichten, da die Suppe mit der Wurst und den Kartoffeln bereits gehaltvoll genug ist.

Caldo verde

Kohlsuppe mit Kartoffeln ☛ *Minho*

500 g *couve galega* (oder Wirsing)
4 (mittelgroße) Kartoffeln
1 Zwiebel
2-3 Knoblauchzehen
200 g *chouriço* (s. Hinweis)
Petersilien- und Korianderblätter (zum Garnieren)
Salz
Olivenöl

Portionen:	**4**
Vorbereitungszeit:	**20′**
Kochzeit:	**30′**
Schwierigkeitsgrad:	**●●**
Geschmacksrichtung:	**●●**
Kalorien (pro Portion):	**436**
Proteine (pro Portion):	**20**
Lipide (pro Portion):	**23**
Nährwert:	**●●**

Den Kohl säubern, den Stiel abschneiden und die äußeren harten Blätter entfernen. Waschen, abtropfen lassen und die Blätter ablösen. Die Zwiebel häuten, den Knoblauch abziehen und die Kartoffeln schälen. Alles in eine Kasserolle geben und 2-3 Esslöffel Öl darübergießen. Mit ca. 1,5 l Wasser bedecken und zum Kochen bringen. Den Deckel daraufgeben und 15 Minuten sacht kochen lassen. Die Kohlblätter aufrollen und einzeln in ganz feine Streifen schneiden. Die Kartoffeln, den Knoblauch und die Zwiebel mit dem Rührstab zu Brei verrühren (oder herausheben, mit dem Passiergerät durchtreiben und wieder in den Topf geben). Den Kohl, die in Scheiben geschnittene *Chouriço*-Wurst und eine Prise Salz hinzufügen, aufkochen lassen, die Kasserolle wieder zudecken und noch einmal knapp 15 Minuten köcheln lassen. Die Suppe mit Petersilie garnieren und warm auftragen. Nach Belieben kann sich jeder Tischgast etwas rohes Olivenöl darüber träufeln.

Canja de conquilhas

Reis in Muschelbrühe ☛ *Algarve*

180 g Suppenreis
1 kg Venusmuscheln
2 Eidotter
1 Zwiebel
1 Zitrone
1 Bund Petersilie
Salz
Olivenöl

Portionen: 4
Vorbereitungszeit: 15'
Kochzeit: 25'
Schwierigkeitsgrad: ●●
Geschmacksrichtung: ●
Kalorien (pro Portion): 415
Proteine (pro Portion): 21
Lipide (pro Portion): 18
Nährwert: ●●●

1 Die Muscheln kochfertig zubereiten (s. Seite 10), mit einem Guss Wasser in einen breiten flachen Topf geben, zudecken und auf starker Flamme aufgehen lassen. Den Topf von der Herdstelle nehmen, die geschlossenen Muscheln aussortieren, das Wasser filtrieren und aufheben. Die Zwiebel und die Petersilie fein hacken und mit 4-5 Esslöffel Öl in einer Kasserolle andünsten.

2 Das Muschelwasser (gegebenenfalls noch warmes Wasser zufügen) in einem anderen Topf aufkochen, nachsalzen, den Reis hineingeben und kernig kochen; dabei wird ein Großteil der Flüssigkeit aufgesogen. Die Kasserolle vom Herd nehmen und ein wenig abkühlen lassen; dann die mit Zitrone verquirlten Eidotter und etwas gehackte Petersilie hinzufügen. Alles vorsichtig untereinander mischen und sofort servieren. Und die Muscheln? Eine köstliche Vorspeise. *Canja* kann man auch mit Garnelenbrühe zubereiten oder, wie in anderen Gebieten Portugals, mit Kabeljau.

Migas à Alentejana

Brotsuppe mit Schweinefleisch ☛ *Alentejo*

400 g Schweinerippchen
300 g ausgebeinte Schweinelende
100 g Speck oder Bauchfleisch
600 g hausbackenes (ungesalzenes) Brot
3-4 Knoblauchzehen
Scharfes Paprikapulver
Salz

Portionen: 4
Vorbereitungszeit: 15'+8 h
Kochzeit: 20'
Schwierigkeitsgrad: ●
Geschmacksrichtung: ●●●
Kalorien (pro Portion): 812
Proteine (pro Portion): 36
Lipide (pro Portion): 34
Nährwert: ●●●

1 Die Knoblauchzehen abziehen, im Mörser stoßen (oder im Mixer pürieren) und mit zwei Teelöffel Paprikapulver vermischen. Mit dieser Paste die Rippchen und die Lende gleichmäßig bestreichen. Das Fleisch in eine Terrine legen und 8 Stunden ruhen lassen.

2 Dann die Rippchen trennen, das Lendenfleisch in Portionsstücke schneiden und mit den Speckwürfeln in eine Kasserolle geben. Einen Guss Wasser zufügen und gleichmäßig goldbraun anbraten. Das in der Kasserolle verbliebene Fett durch ein Sieb streichen und beiseite stellen. Das Brot in Stücke schneiden und in eine große Terrine legen, mit etwas lauwarmem Wasser benetzen und mit den Fingern zerbröseln, jedoch nicht zu Brei werden lassen. Die Brotkrume in eine Pfanne umfüllen und mit ein wenig von dem filtrierten Fett anrichten, vorsichtig salzen, umrühren und durchziehen lassen, bis das Brot eine goldgelbe Farbe angenommen hat. Dann auf einer Platte anrichten, mit dem restlichen filtrierten Fett beträufeln und mit den Rippchen, den Lendenstücken und Speckwürfeln belegen. Ein schmackhafter Eintopf.

1

2

MIGAS DE PÃO DE MILHO

Maismehl-Brotsuppe ☛ *Ribatejo*

1

2

500 g Maismehlbrot
vom Vortag
3 Knoblauchzehen
Oliven in Salzlake (als Beilage)
Salz
Olivenöl

Portionen: 4
Vorbereitungszeit: 5′
Kochzeit: 10′
Schwierigkeitsgrad: ●
Geschmacksrichtung: ●●●
Kalorien (pro Portion): 478
Proteine (pro Portion): 10
Lipide (pro Portion): 16
Nährwert: ●●

1 Das Brot in dünne Scheiben schneiden und in eine große Kasserolle geben, mit etwas siedend heißem Salzwasser übergießen, aufkochen und 5-6 Minuten kochen lassen. Dann den Topf von der Herdstelle nehmen und das Wasser abgießen. Mit einem Stößel das Brot weich klopfen und zerkrümeln, ohne dass es zu Brei wird.

2 In der Brotkrume eine etwa 10 cm große Vertiefung machen, den grob gehackten Knoblauch hineinlegen und die Mulde mit Öl füllen; auch die umliegende Brotkrume kräftig mit Öl begießen. Die Kasserolle wieder aufsetzen, bei schwacher Hitze zum Kochen bringen und etwa 5 Minuten unter Umrühren kochen lassen. Die *Migas* glattstreichen und dick mit Oliven belegen. Sehr gut schmecken dazu gegrillte Sardinen (s. Seite 63).

Ein ganz einfaches Rezept für einen köstlichen Eintopf, der überdies modernen Ernährungsvorschriften entspricht. Das kleine Geheimnis liegt in der ungewöhnlichen Zubereitung. Das traditionelle Küchengerät ist in diesem Fall ein Stößel aus Orangenbaumholz, der* pé de chibo *heißt, da er die Form eines Ziegenfußes hat. Alternativ zu Maismehlbrot kann man auch* broa *(s. Seite 34) nehmen.

MIGAS DA LOUSÃ

Brotsuppe mit Gemüse ☛ *Beira Litoral*

250 g Bohnenkerne (frisch oder tiefgekühlt)
300 g Rübensprossen (Grüngemüse)
2-3 Knoblauchzehen
Olivenöl

Für die broa*:*
300 g Mehl (und etwas Mehl zum Ausrollen)
200 g Maismehl
20 g Bierhefe
ca. 1 dl Milch
Salz
Olivenöl

Portionen: 4
Vorbereitungszeit: 30'+5h
Kochzeit: 1h 40'
Schwierigkeitsgrad: ●●
Geschmacksrichtung: ●●
Kalorien (pro Portion): 759
Proteine (pro Portion): 20
Lipide (pro Portion): 25
Nährwert: ●●●

1 Für die *broa*, ein hausbackenes Brot, beide Mehlsorten in eine breite Schüssel sieben, die in etwas lauwarmem Wasser aufgelöste Bierhefe, eine Prise Salz und einen Schluck Milch zufügen und mit dem Rührgerät vermengen. Nach und nach die restliche Milch und soviel Wasser zugießen, dass eine glatte und feste Masse entsteht. Den Teig zu einer Kugel formen, leicht mit Öl bestreichen, mit einem Tuch bedecken und ca. eine Stunde gehen lassen, bis er etwa doppelt so hoch aufgegangen ist.

2 Dann die Teigkugel auf einer bemehlten Platte erneut von Hand durchkneten und einen flachen runden Laib daraus formen. Auf eine geölte Backform legen, noch einmal 4 Stunden gehen lassen und 35 Minuten bei 200 °C im Backofen backen. Das goldbraune und duftende Maismehlbrot dann herausnehmen.

3 Die Bohnen in schwach gesalzenem Wasser auf kleiner Flamme zugedeckt kochen, abgießen und warm stellen. Die Rübensprossen putzen, kurz in Salzwasser abkochen, abgießen und grob hacken. In einer breiten Terrine die Bohnen, die zerkrümelte *broa* und das Grüngemüse abwechselnd aufschichten.

4 Ein Pfännchen mit einem knappen Glas Öl auf kleinem Feuer erhitzen und darin die abgezogenen und zerdrückten Knoblauchzehen goldgelb dünsten. Sobald der Knoblauch Farbe angenommen hat, herausnehmen und das Öl in die Terrine gießen.

Eine köstliche Suppe für Vegetarier. Mit gekochter* Chouriço*-Wurst wird sie zu einem gehaltvollen Hauptgericht.

3
4

PASTÉIS DE MOLHO

Teigtaschen in Brühe ☛ *Beira Baixa*

Für den Teig:
1 Ei und 1 Eigelb
300 g Mehl (und etwas Mehl zum Ausrollen)
ca. 100 g Schmalz (oder Butter)
Salz

Für die Farce:
300 g mageres Hackfleisch vom Kalb
1 Zwiebel
Petersilie
Safran
Roter Weinessig
Salz und Pfeffer
Olivenöl

Portionen: 6
Vorbereitungszeit: 40'+30'
Kochzeit: 35'
Schwierigkeitsgrad: ●●
Geschmacksrichtung: ●●
Kalorien (pro Portion): 809
Proteine (pro Portion): 29
Lipide (pro Portion): 41
Nährwert: ●●●

1 Das Mehl in eine Schüssel sieben und mit dem Rührgerät das ganze Ei, den Eidotter, eine Prise Salz und soviel Wasser einrühren, bis ein glatter Teig entsteht. Diesen solange gehen lassen, bis die Füllung (folgender Arbeitsschritt) fertig ist.

2 Die Zwiebel fein hacken und mit 3-4 Esslöffel Öl in der Pfanne andünsten. Das mit einer Prise Salz und Pfeffer gewürzte Hackfleisch hinzufügen und etwa zwölf Minuten anrösten. Abkühlen lassen und beiseite stellen.

3 Den Teig auf einer bemehlten Arbeitsfläche mit dem Nudelholz zu einer runden Platte ausrollen und mit zerlassenem Schmalz bestreichen. Dann die Teigplatte aufrollen und das Fett verkneten. Diesen Arbeitsvorgang dreimal wiederholen, dann den Teig noch einmal ausrollen, diesmal ohne Schmalzbelag, die Platte wieder aufrollen und eine halbe Stunde ruhen lassen.

4 Die Teigrolle in sechs ca. 1,5 cm dicke Scheiben schneiden, mit Öl bepinseln und zu runden Platten mit einem Durchmesser von ca. 16-18 cm ausrollen. In die Mitte jeder Platte ein aprikosengroßes Häufchen Fleischfarce setzen, umklappen und den Rand festdrücken. Die *pastéis* auf eine geölte Backform legen, in den Backofen schieben und bei 200 °C 15 Minuten backen. Herausnehmen und erkalten lassen. In der Zwischenzeit 1,5 l Wasser mit 3 Esslöffel Essig, einer Prise Salz, einem Sträußchen Petersilie und einer Prise Safran zum Kochen bringen und ca. 10 Minuten kochen lassen. In jeden Teller eine Teigtasche legen, mit der filtrierten Brühe übergießen, mit Petersilienzweiglein garnieren und sofort servieren.

Der Garten des ehemaligen Bischofspalastes in Castelo Branco.

1
2
3
4

RANCHO À MODA DO MINHO

Gemüsesuppe mit Schweinefleisch ☛ *Minho*

120 g Suppennudeln
250 g Kalbsfuß
250 g Schweinebauch am Stück
250 g *chouriço* (s. Hinweis)
350 g Kichererbsen
3-4 Kartoffeln
2 Zwiebeln
Paprikapulver
Salz und Pfeffer
20 g Schmalz
Olivenöl

Portionen: 6
Vorbereitungszeit: 10'+6h
Kochzeit: 2h 15'
Schwierigkeitsgrad: ●●
Geschmacksrichtung: ●●
Kalorien (pro Portion): 966
Proteine (pro Portion): 43
Lipide (pro Portion): 56
Nährwert: ●●●

Der mächtige Treppenaufgang der zur Kirche Bom Jesus do Monte in Braga führt.

1 Die Kichererbsen 6 Stunden vorher einweichen. Abseihen und zusammen mit dem Kalbsfuß, dem Schweinebauch und der in Stücke geschnittenen *Chouriço*-Wurst in eine Kasserolle geben, gut mit kaltem Wasser bedecken, salzen und pfeffern. Dann die Herdstelle einschalten, den Topf zudecken und das Fleisch nach dem Aufkochen etwa zwei Stunden kochen lassen.

2 In der Zwischenzeit die Zwiebeln fein hacken und in einer anderen Kasserolle das Schmalz zergehen lassen; dann die Zwiebeln in 5-6 Esslöffel Öl leicht andünsten und den Sud beiseite stellen.

3 Das Fleisch vom Kalbsfuß ablösen und in Stücke schneiden, ebenso den Schweinebauch; die Wurst in Scheiben schneiden. Alles in die Kasserolle mit den Kichererbsen geben, dann den Zwiebelsud mit dem Fett, die Nudeln und die Kartoffelwürfel sowie eine Messerspitze Paprikapulver hinzufügen. Mit Salz und Pfeffer abschmecken. Sobald die Nudeln und die Kartoffeln gar sind, den *rancho* vom Feuer nehmen und kochend heiß servieren.

1
2
3

Sopa da Beira

Maisbrei mit Kohl ☛ *Beira Alta*

200 g Maismehl
1/2 Weißkohl
1 Bund Rübensprossen
1 Schinkenknochen
(mit Fleisch- und Fettresten)
Salz und Pfeffer
Olivenöl

Portionen: 4
Vorbereitungszeit: 15′
Kochzeit: 2h
Schwierigkeitsgrad: ●●
Geschmacksrichtung: ●●
Kalorien (pro Portion): 288
Proteine (pro Portion): 6
Lipide (pro Portion): 10
Nährwert: ●●

1 Den Schinkenknochen eventuell durchsägen und in einer Kasserolle mit ca. 2 Liter Wasser (ohne Salz) aufsetzen, zum Kochen bringen, zudecken und auf kleinster Flamme etwa eine Stunde sacht kochen lassen. In der Zwischenzeit den Kohlkopf und die Rübensprossen waschen und trockentupfen. Die schönsten Kohlblätter ablösen und zusammen mit den geputzten Rübensprossen grob hacken.

2 Wenn der Knochen abgekocht ist, das Schinkenfleisch ablösen und in die Brühe geben, das gehackte Gemüse und 2-3 Esslöffel Öl zufügen. Vorsichtig mit Salz und Pfeffer abschmecken und bei schwacher Hitze zugedeckt ca. eine halbe Stunde weiterkochen lassen. Dann das Maismehl in ein wenig kaltes Wasser einrühren und in die Kasserolle geben. Die Flamme ein wenig hochdrehen und den Maisbrei bei offenem Topf unter ständigem Rühren kochen, bis er eingedickt ist. Sofort servieren.

1

2

SOPA DE CAÇÃO

Rocheneintopf ☛ *Alentejo*

500 g Rochenfilet
6-8 dünne Scheiben hausbackenes Brot vom Vortag
3 Knoblauchzehen
Lorbeer und Koriander
Edelsüßes Paprikapulver
15 g Mehl
Weißer Weinessig
Salz
Olivenöl

1 Die Rochenfilets enthäuten und Gräten und Knorpel entfernen. In einer Terrine mit 2 Glas Essig, ebensoviel Wasser, einer Prise Salz und 2 Lorbeerlättern eine Marinade bereiten und die Filets zwei Stunden einlegen. Ab und zu wenden. Den abgezogenen Knoblauch und ein Sträußchen gehackte Korianderblätter mit 3-4 Esslöffel Öl in einer Kasserolle andünsten, ca. 1,5 Liter Wasser zugießen, mit Salz abschmecken und, sobald das Wasser kocht, die Rochenfilets hineingeben.

2 Das Mehl in einem Glas Essig auflösen und mit einem Teelöffel Paprikapulver zum Fisch geben. Die Flamme herunterschalten und den Rochen sacht garkochen. Die Brotscheiben halbieren und eine Suppenterrine damit auslegen, Die gebundene Suppe darüber gießen, die Filets darauf verteilen und sofort auftragen. Ein köstlicher Eintopf.

Portionen: 4-6
Vorbereitungszeit: 10'+2h
Kochzeit: 20'
Schwierigkeitsgrad: ●
Geschmacksrichtung: ●●
Kalorien (pro Portion): 406
Proteine (pro Portion): 21
Lipide (pro Portion): 12
Nährwert: ●●

Sopa de langueirão

Messermuschelsuppe ☛ *Algarve*

2 Dutzend Messermuscheln
150 g Suppenreis
1 Zwiebel
2-3 reife Tomaten
1 Strauß Petersilie
Salz und Pfeffer
Olivenöl

Portionen:	4
Vorbereitungszeit:	20′
Kochzeit:	45′
Schwierigkeitsgrad:	●●
Geschmacksrichtung:	●●
Kalorien (pro Portion):	340
Proteine (pro Portion):	15
Lipide (pro Portion):	12
Nährwert:	●●

1 Die Messermuscheln unter fließend kaltem Wasser waschen und tropfnass in eine breite Pfanne geben. Mit einem Fingerbreit Wasser bedecken, die Herdstelle einschalten und die Muscheln bei zugedeckter Pfanne aufgehen lassen. Herausnehmen, abtropfen lassen und das Muschelfleisch herauslösen. Die Muscheln wieder in das Kochwasser, gemischt mit dem in den Muschelschalen enthaltenen Meerwasser, geben und noch 4-5 Minuten weiterkochen lassen. Dann die Muscheln herausnehmen und unter fließend kaltem Wasser abbrausen, um jede Spur von Sand zu entfernen, und beiseite stellen. Die Kochflüssigkeit filtrieren und ebenfalls aufheben.

2 Die Zwiebel häuten, fein hacken und mit 2-3 Esslöffel Öl und gehackter Petersilie in einer Kasserolle andünsten.

3 Die gewaschenen, entkernten und zerkleinerten Tomaten hineingeben, die Kasserolle zudecken und alles ungefähr zehn Minuten sacht durchziehen lassen, bis die Tomaten weich sind. Ab und zu umrühren.

4 Die Muschelbrühe bis 1,5 l mit Wasser auffüllen und zugießen, dann die Muscheln hinzufügen und mit Salz und Pfeffer abschmecken. Alles zum Kochen bringen, den Reis einstreuen und darin garkochen. Sofort servieren.

Eine Alternative ist die gleiche Suppe ohne Tomaten. Wenn der Reis gar ist, die Kasserolle vom Feuer nehmen und 2 mit Zitronensaft verquirlte Eidotter in die sopa einrühren (vgl. Rezept Açorda de camarão auf S. 28).

3

4

SOPA DE FEIJÃO-MANTEIGA

Bohneneintopf ☛ *Algarve*

200 g Lima-Bohnen
(kleine weiße Bohnen),
frisch oder tiefgefroren
4 Kartoffeln
2 süße Kartoffeln
150 g Kürbis (1 Scheibe)
1 Zwiebel
1 Strauß Petersilie
Salz
Olivenöl

Portionen: 4-6
Vorbereitungszeit: 10'
Kochzeit: 1h
Schwierigkeitsgrad: ●●
Geschmacksrichtung: ●●
Kalorien (pro Portion): 399
Proteine (pro Portion): 11
Lipide (pro Portion): 13
Nährwert: ●●

Die Bohnen (es wird davon ausgegangen, dass sie frisch sind; getrocknete Bohnen müssen 4-5 Stunden vorher eingeweicht werden) in einen Topf geben, reichlich mit kaltem Wasser bedecken und zum Kochen bringen. Den Topf zudecken, die Flamme auf kleinste Stufe herunterschalten und eine halbe Stunde weiterköcheln lassen, dann abgießen. Den Kürbis und beide Kartoffelsorten schälen. Die Zwiebel und die Petersilie hacken und in 4-5 Esslöffel Öl in der Kasserolle leicht anrösten, dann die Bohnen zufügen, mit Salz und Pfeffer würzen und bei schwacher Hitze durchziehen lassen.
Nach etwa zehn Minuten die Kartoffelspalten und Kürbiswürfel hinzugeben und alles langsam aufkochen lassen. Gegebenenfalls ein wenig von dem Bohnenwasser nachgießen, doch sollte der Eintopf nicht zu flüssig sein.

200 g getrocknete rote Bohnen (Kidney o.ä.)
150 g geräucherter Speck (am Stück)
100 g *chouriço* (am Stück) (s. Hinweis)
4 Kartoffeln
1 Stange Sellerie
1 Karotte
1 Stück Wirsing
1 Zwiebel
1 Knoblauchzehe
Lorbeer
Korianderblätter
Salz und Pfeffer

Portionen: 4-6
Vorbereitungszeit: 20'+3h
Kochzeit: 1h 20'
Schwierigkeitsgrad: ●●
Geschmacksrichtung: ●●
Kalorien (pro Portion): 540
Proteine (pro Portion): 22
Lipide (pro Portion): 26
Nährwert: ●●●

SOPA DE PEDRA

Gemüsesuppe mit Wurst ☛ *Ribatejo*

Die Bohnen 3 Stunden einweichen. Abseihen und mit dem Bauchspeck, der in Spalten geschnittenen Zwiebel, dem abgezogenen und zerdrückten Knoblauch, einem Lorbeerblatt, Salz und Pfeffer in eine große Kasserolle geben. Alles mit schwach gesalzenem Wasser bedecken und aufkochen lassen. Den Topf zudecken und etwa eine Stunde köcheln lassen, bis der Speck und die Wurst weich geworden sind. In der Zwischenzeit das übrige Gemüse putzen. Speck und Wurst herausnehmen und an ihrer statt das Gemüse, d.h. die Kartoffel- und Karottenwürfel, die Selleriestücke, die Kohlstreifen und einen Zweig Koriander, mitkochen. Wenn alles gar ist, den Topf vom Feuer nehmen und das klein geschnittene Fleisch bzw. die Wurst hineingeben. Die Suppe mit Korianderblättchen bestreuen und auftragen.
Das traditionelle Rezept für "sopa de pedra" schreibt vor, dass man auf den Topfboden einen glatten, gewaschenen Flussstein legt.

Man erzählt sich, dass einst ein hungriger Wanderer in ein Dorf kam und an eine Tür klopfte: "Verzeihen Sie bitte, sagte er, ich möchte eine Steinsuppe kochen. Den Stein habe ich schon im Fluss gefunden, das Wasser auch, mit fehlt nur eine Kartoffel. Wären Sie so freundlich, mir eine zu geben?" Dann klopfte er an die nächste Tür und bat: "Entschuldigen Sie, ich möchte eine Steinsuppe kochen, den Stein habe ich schon, das Wasser und eine Kartoffel auch, aber mir fehlt noch eine Zwiebel. Und so ging er von Haus zu Haus und verschaffte sich auf diese Weise eine Karotte, eine Knoblauchzehe, einen Kohlkopf, Salz und ein wenig Schinkenschwarte, die der Suppe Geschmack verlieh. Am Ende bekam der hungrige Wanderer noch ein Stück Brot und bereitete sich eine wahrhaft herrliche Suppe!

Sopa rica de peixe

Fischsuppe ☛ *Estremadura*

1 kg Fisch-Allerlei (Froschfisch, Seeaal, Steinbutt oder Rochen)
1 (mittelgroßer) Aal
400 g (mittelgroße) Sepien oder Kalmare
5 Heuschreckenkrebse
5 Riesengarnelen
5 Scampi
500 g Miesmuscheln
500 Venusmuscheln
2 Zwiebeln
2 Knoblauchzehen
1 Paprikaschote
Safran
1 Gewürzsträußchen (Lorbeer, Petersilie, ein Stück Lauch)
6-8 Scheiben geröstetes Brot (zum Anrichten)
Trockener Weißwein
Salz und Pfeffer (gemahlen und Körner)
Olivenöl

Portionen: 6-8
Vorbereitungszeit: 25'
Kochzeit: 2h
Schwierigkeitsgrad: ●●●
Geschmacksrichtung: ●●●
Kalorien (pro Portion): 538
Proteine (pro Portion): 44
Lipide (pro Portion): 21
Nährwert: ●●

1 Die Fische, Mollusken und Krustentiere säubern und kochfertig zurichten. Von den Scampi und Riesengarnelen die Köpfe abtrennen und den Darmtrakt entfernen. Die Sepien 20 Minuten in kochendem Wasser brühen, abgießen und in Ringe schneiden. Die Fische in Portionsstücke zerlegen. Gräten, Flossen und Köpfe (auch die der Garnelen) für die Brühe aufheben (gegebenenfalls Fischbrühe-Granulat zufügen).

2 Eine Zwiebel häuten, in Streifen schneiden und mit 5 Esslöffel Olivenöl andünsten. Die Gräten, Flossen und Köpfe hineingeben und etwa zehn Minuten durchziehen lassen. Eineinhalb Liter Wasser zugießen, eventuell salzen, 3-4 Pfefferkörner hinzufügen, den Topf zudecken und alles eine knappe Stunde kochen lassen.

3 In einer Kasserolle den abgezogenen und zerdrückten Knoblauch in 5 Esslöffel Öl andünsten und herausnehmen, sobald er Farbe angenommen hat. In dem gleichen Öl die andere in Streifen geschnittene Zwiebel zusammen mit dem Gewürzsträußchen (das Lauchstück der Länge nach in Streifen schneiden) andünsten.

4 In der Zwischenzeit die Paprikaschote zurichten, in Streifen schneiden und zu der Zwiebel und dem Gewürzsträußchen in die Kasserolle geben. Alles 7-8 Minuten sacht durchziehen lassen, dann die filtrierte Fischbrühe zugießen, eine Prise Safran und ein Glas Weißwein zufügen.

1

2

5 Die Sepien und die Fische (Froschfisch, Seeaal, Steinbutt u.ä.) in die Kasserolle geben und langsam aufkochen lassen. Dann den in Stücke geschnittenen Aal, die Mollusken und die Krustentiere hinzufügen, mit Salz und Pfeffer würzen und das Fischallerlei sacht garziehen lassen. Eine Suppenterrine mit gerösteten Brotscheiben auslegen, das Fischallerlei darauf verteilen und mit der Brühe begießen (das Gewürzsträußchen herausnehmen). Sofort servieren.

3

4

5

SOPA DE TRIGO

Weizensuppe ☛ *Madeira*

150 g Weizenkörner
300 g frischer Schweinebauch
4 (mittelgroße) Kartoffeln
1 süße Kartoffel
200 g getrocknete weiße Bohnen
200 g Kürbis (1 Scheibe)
Salz

Portionen:	4-6
Vorbereitungszeit:	10'+5h
Kochzeit:	1h 10'
Schwierigkeitsgrad:	●●
Geschmacksrichtung:	●●
Kalorien (pro Portion):	893
Proteine (pro Portion):	19
Lipide (pro Portion):	52
Nährwert:	●●●

1 Weizenkörner und Bohnen 4-5 Stunden vorher einweichen, dann abgießen und zusammen mit dem Bauchspeck in eine große Kasserolle geben, knapp mit Wasser bedecken, vorsichtig salzen und aufsetzen. Wenn es kocht, den Deckel daraufgeben, die Flamme herunterdrehen und die Bohnen mit dem Weizen auf kleinster Stufe etwa eine Dreiviertelstunde köcheln lassen.

2 Die geschälten und gewürfelten Kartoffeln, die süße Kartoffel ganz und den geschälten und ebenfalls gewürfelten Kürbis hinzufügen. Alle Zutaten zum Kochen bringen (dazu werden ca. 20 Minuten benötigt) und die Kasserolle vom Feuer nehmen. Den Schweinebauch herausnehmen, in Stückchen schneiden, auf einer Platte anrichten und als Hauptgang mit Beilage servieren. Die nicht zu flüssige Suppe gut heiß auftragen.

1

2

FISCH, FRISCH UND GEPÖKELT, KRUSTENTIERE, MOLLUSKEN

Die Vielseitigkeit der lusitanischen Seemannskost ist sprichwörtlich. Hier wird die Wahl wirklich zur Qual, und es fällt schwer, aus dem reichhaltigen Rezepteangebot das Beste herauszusuchen. Ein weithin bekanntes Gericht ist die caldeirada, *von der praktisch jedes portugiesische Fischerdorf selbstverständlich die beste Variante zubereitet. Abschließend eine reiche Auswahl an Kabeljau-Rezepten, Portugals Nationalgericht, unter anderem der berühmte* bacalhau à Gomes de Sá, *auf den Porto ganz besonders stolz ist. Bei vielen der Rezepte des ersten Teils, die mit fangfrischem Fisch zubereitet werden, als auch bei den Spezialitäten aus dem zweiten Teil handelt es sich um Tellergerichte oder Eintöpfe.*

3

ATUM COM TOMATE

Thunfisch mit Tomate ☛ *Algarve*

1 Scheibe Thunfisch, ca. 700-800 g
4 reife Tomaten
1 Zwiebel
2 Knoblauchzehen
Gewürznelke
Lorbeer
Salz und Pfeffer
Gemischter Salat mit Tomaten und Paprikaschoten (als Beilage)
10 g Schmalz
Olivenöl

Portionen: 4
Vorbereitungszeit: 10'
Kochzeit: 30'
Schwierigkeitsgrad: ●●
Geschmacksrichtung: ●●
Kalorien (pro Portion): 384
Proteine (pro Portion): 44
Lipide (pro Portion): 17
Nährwert: ●●

Die Zwiebel in Streifen und den Knoblauch blättrig schneiden. Die Tomaten in Scheiben schneiden und die Kerne entfernen. Mit der Hälfte der Tomatenscheiben, den Knoblauchscheibchen und Zwiebelstreifen den Boden einer geölten Kasserolle auslegen. Die Thunfischscheibe mit zerlassenem Schmalz bestreichen, mit einer gespaltenen Gewürznelke spicken und auf das Tomatenbett legen. Mit Salz und Pfeffer würzen und ein Lorbeerblatt zufügen.
Die restlichen Tomaten mit Knoblauch und Zwiebeln darauf verteilen, die Kasserolle zudecken und auf kleinster Flamme aufsetzen. Den Fisch eine knappe Stunde ganz sacht köcheln lassen. In den letzten 5-6 Minuten den Deckel abnehmen, damit die Sauce eindickt. Den Thunfisch mit der Sauce und dem Tomaten-Paprika-Salat servieren.

CALDEIRADA

Fischeintopf ☛ *Algarve*

Die Venusmuscheln wässern und das Wasser mindestens zweimal erneuern, damit jeglicher Sand und Schmutz ausgespült wird. Die Kalmare zurichten (Mund, Augen, Eingeweide und Knorpel entfernen), waschen und in Stücke schneiden, auch die Tentakel (ein Tip: größere Tentakel zehn Minuten in kochendem Wasser brühen, dann sind sie zarter). Die Fische gegebenenfalls schuppen, zurichten, waschen und ebenfalls in Stücke schneiden. Die Tomaten waschen, aufschneiden, die Kerne entfernen, das Fruchtfleisch zerkleinern und beiseite stellen. Die blättrig geschnittenen Knoblauchzehen und die in Streifen geschnittenen Zwiebeln häuten, in eine Kasserolle geben und in 4-5 Esslöffel Olivenöl andünsten. Die Tomaten, die gehackte Petersilie und den entkernten und zerkleinerten *piri-piri* zufügen und alles zehn Minuten durchziehen lassen. Dann den Fisch und die Kalmare in den Topf geben. Ein volles Glas Weißwein darübergießen und das Fisch-Allerlei knapp mit lauwarmem Wasser bedecken. Mit Salz, Pfeffer und einem Teelöffel Paprikapulver würzen, den Topf zudecken und 20 Minuten sacht köcheln lassen. Dann den Deckel abnehmen und die abgetropften Venusmuscheln hineingeben, die Flamme wieder hochdrehen und weitere 10 Minuten kochen lassen. Die *caldeirada* ist ein Eintopf, doch kann man dazu auch gekochte Kartoffeln, geröstete Brotscheiben oder Maisbrei (wie beispielsweise im Rezept *Carne em vinha-d'alhos com milho frito*, S. 92) reichen.

1,5 kg Fischallerlei (Froschfisch, Seeaal, Glatthai, Steinbutt oder Rochen)
500 g Venusmuscheln
600 g Kalmare (oder Sepien)
2 Zwiebeln
3 Knoblauchzehen
3-4 reife Tomaten
1 Strauß Petersilie
piri-piri (s. Hinweis)
Paprikapulver (s. Hinweis)
Trockener Weißwein
Gekochte Kartoffeln (als Beilage)
Salz und Pfeffer
Olivenöl

Portionen: 6-8
Vorbereitungszeit: 25'
Kochzeit: 45'
Schwierigkeitsgrad: ●●
Geschmacksrichtung: ●●●
Kalorien (pro Portion): 384
Proteine (pro Portion): 44
Lipide (pro Portion): 17
Nährwert: ●●

CAVALAS COM MOLHO DE VILÃO

Marinierte Makrelen mit Maisbrei ☛ *Madeira*

4 Makrelen, insgesamt ca. 1 kg
6 Knoblauchzehen
Origanum, 1 Strauß Petersilie, Thymian
piri-piri (s. Hinweis)
Trockener Weißwein
Weißer Weinessig
milho cozido (Beilage, s. Arbeitsschritt 2)
Grüner Salat (zum Anrichten)
Salz und Pfeffer
Olivenöl

Portionen:	**4**
Vorbereitungszeit:	**20'+5h**
Kochzeit:	**15'**
Schwierigkeitsgrad:	**●●**
Geschmacksrichtung:	**●●●**
Kalorien (pro Portion):	**479**
Proteine (pro Portion):	**32**
Lipide (pro Portion):	**32**
Nährwert:	**●●**

1 Die Makrelen ausnehmen und unter fließend kaltem Wasser abbrausen. Innen und außen mit Salz und Pfeffer einreiben. In einer breiten tiefen Terrine aus dem abgezogenen und blättrig geschnittenen Knoblauch, einer Prise Origanum, ein paar Thymianblättchen, der gehackten Petersilie, dem entkernten und zerbröselten *piri-piri*, einer Tasse Weißwein und einem halben Glas Essig eine Marinade bereiten, die Fische hineinlegen und 4-5 Stunden in der Tunke ruhen lassen. Ab und zu wenden.

2 Die Makrelen herausnehmen (die Marinade aufheben), trockentupfen und mit einem Glas siedend heißem (jedoch nicht rauchendem) Olivenöl in der Pfanne von beiden Seiten goldgelb braten. Herausnehmen, auf Küchenkrepp abtropfen lassen und warm stellen. Die festen Bestandteile der Marinade im Mörser zerstoßen (oder im Mixer pürieren) und die Paste mit etwas Marinadenflüssigkeit verlängern. Die Kräutermischung in das verbliebene Öl geben, langsam aufkochen lassen und die Sauce eindicken lassen. Eventuell salzen. Die Fische auf einem Salatbett anrichten und die würzige Sauce dazu reichen. Eine passende Beilage ist *milho cozido* (s. Rezept *Carne em vinha-d'alhos com milho frito*, S. 92, Arbeitsschritt 2. Bitte beachten Sie, dass die Zubereitung ca. eine Stunde in Anspruch nimmt und in der Tabelle nicht berücksichtigt ist).

2

1

1

2

CAVALAS RECHEADAS

Gefüllte Makrelen ☛ *Azoren*

4 Makrelen (oder 2 große), insgesamt ca. 1 kg
2 Eier
2 Zwiebeln
7 Knoblauchzehen
50 g pikante *Chouriço*-Wurst (s. Hinweis)
ca. 10 schwarze Oliven in Salzlake
Tomatenmark
Brotkrume von einer Scheibe Brot
1 Zitrone
1 Strauß Petersilie
Roter Weinessig
Trockener Weißwein
Grüner Salat (als Beilage)
Salz und Pfeffer
30 g Schmalz
Olivenöl

Portionen: 4
Vorbereitungszeit: 30'+3h
Kochzeit: 30'
Schwierigkeitsgrad: ●●●
Geschmacksrichtung: ●●●
Kalorien (pro Portion): 698
Proteine (pro Portion): 40
Lipide (pro Portion): 45
Nährwert: ●●●

1 Die Makrelen ausnehmen, innen und außen gut waschen und abtrocknen. In einer Terrine mit 2 Glas Wein, der zerkleinerten *Chouriço*-Wurst und 3 abgezogenen und zerdrückten Knoblauchzehen eine Marinade bereiten und die Fische hineinlegen. Ab und zu umdrehen. Nach 3 Stunden herausnehmen, abtropfen lassen und die Marinadenflüssigkeit aufheben. Inzwischen die Brotkrume in ein wenig Essig einweichen. Die Eier 7 Minuten hart kochen, abschrecken und pellen. Die Zwiebeln mit 2 Knoblauchzehen fein hacken und in einer Kasserolle mit einem Esslöffel Schmalz und 2-3 Esslöffel Öl sacht andünsten, die entkernten und gehackten Oliven, die gehackte Petersilie, eine Prise Salz und Pfeffer zufügen und unter Umrühren kurz durchziehen lassen.

2 Die Sauce vom Herd nehmen, in eine Schüssel umfüllen und mit dem gehackten Ei und dem Saft einer Zitrone vermischen. Die Farce abkühlen lassen und die Makrelen damit füllen. Die Fische am Bauch zunähen, damit die Füllung beim Garen nicht austritt. Die Fische in eine mit Schmalz ausgestrichene feuerfeste Form legen und mit Zwiebelringen, dem restlichen Knoblauch und gehackter Petersilie belegen. Die Marinadenflüssigkeit, einen Teelöffel verdünntes Tomatenmark und einen Guss Öl darüber gießen und im Backofen bei 180 °C 20 Minuten backen. Die Makrelen mit grünem Salat servieren.

CALDEIRADA DE ENGUIAS

Geschmorter Aal ☛ *Beira Litoral*

1 kg (mittelgroße) Aale
100 g Speck (dünne Scheiben)
6 (mittelgroße) Kartoffeln
3 Zwiebeln
2 Knoblauchzehen
Lorbeer, Minze und Petersilie
Safran
Roter Weinessig
Salz (grob und fein), Pfeffer
Olivenöl

Portionen: 6
Vorbereitungszeit: 20′
Kochzeit: 30′
Schwierigkeitsgrad: ●●
Geschmacksrichtung: ●●●
Kalorien (pro Portion): 992
Proteine (pro Portion): 40
Lipide (pro Portion): 73
Nährwert: ●●●

1 Den kochfertigen Aal waschen und trockentupfen. Nur sehr große Aale häuten, andernfalls nur in Portionsstücke schneiden. Die Zwiebeln in feine Ringe schneiden. Die Kartoffeln schälen und in Scheiben schneiden. Eine Schicht Zwiebelringe, darüber die Kartoffelscheiben und dann ein paar Aalstücke in eine geölte Kasserolle legen.

2 Weiter aufschichten, bis alle Zutaten verbraucht sind (zum Schluss Aal). Jede Schicht mit einem Guss Öl beträufeln und mit etwas gehacktem Knoblauch, ein paar Stückchen zerpflücktem Lorbeerblatt, Petersilienblättchen, einer Prise Safran, Salz und Pfeffer würzen. Die *caldeirada* dick mit Speckscheiben belegen, ein volles Glas Wasser darüber gießen, den Deckel aufsetzen, aufkochen lassen und eine halbe Stunde sacht köcheln lassen.

3 Nach der Garzeit den Deckel abnehmen, den Speck herunternehmen und mit einem Esslöffel grobem Salz im Mörser zerstoßen. Die Paste mit 2 Esslöffel Essig und 2 Esslöffel der *caldeirada*-Tunke verlängern und diese Sauce (sie heißt *moira*) über die *caldeirada* gießen. Das Gericht mit Minzeblättchen garnieren und auftragen.

Boot auf der Ria de Aveiro.

1

2

3

FATAÇA NA TELHA

Meeräsche im Römertopf ☛ *Ribatejo*

1 Hochsee-Meeräsche, ca. 1,2 kg
200 g Speck (nicht zu dünne Scheiben)
1 große Zwiebel
Paprikapulver (s. Hinweis)
1 Zitrone
1 Strauß Petersilie
Salz und Pfeffer
Pfefferkörner
Olivenöl

Portionen: 4
Vorbereitungszeit: 20'+1h
Kochzeit: 30'
Schwierigkeitsgrad: ●
Geschmacksrichtung: ●●●
Kalorien (pro Portion): 848
Proteine (pro Portion): 38
Lipide (pro Portion): 74
Nährwert: ●●●

Die Meeräsche zurichten, d.h. die Flossen stutzen, die Eingeweide herausnehmen und den Fisch unter fließend kaltem Wasser abbrausen. Innen und außen mit Salz und Pfeffer würzen. Die Zwiebel fein hacken und zusammen mit der Petersilie und einem Teelöffel Paprikapulver im Mörser stoßen (oder im Mixer pürieren). Den Fisch inwendig und außen mit der Gewürzpaste einreiben und eine knappe Stunde ruhen lassen. Einen Römertopf mit ein paar Speckscheiben auslegen (dabei kleine Abstände belassen), den Fisch darauf legen und die restlichen Speckscheiben, ebenso mit etwas Abstand, darauf verteilen. Den Deckel auflegen und den Römertopf in den Backofen schieben. Den Fisch eine halbe Stunde bei 200 °C garen. Herausnehmen, abdecken und mit einer Mischung aus Öl und Zitronensaft beträufeln. Zum Schluss mit frisch gemahlenem Pfeffer bestreuen.

*Ursprünglich wurde dieser Fisch zwischen zwei Ziegel (*telhas*) gelegt und zusammengebunden in der warmen Asche eines offenen Feuers oder im Holzbackofen gegart. Heute nimmt man praktischerweise einen Römertopf, es sei denn, man ist gewillt, das Dach abzudecken! Außer der Meeräsche bereitet man in Portugal* na telha *auch den* savél *zu, der bei uns auch Alse oder Maifisch heißt. Da man diesen Fisch aber nicht ohne weiteres im Handel findet, empfehlen wir für dieses Rezept die Meeräsche.*

1

Dies ist eine getreue, wenn auch vereinfachte Version des Originalrezeptes, bei dem man auch tiefgefrorene Krustentiere verwenden kann. Ebenfalls gut gelingt dieses Gericht mit Scampi oder Riesengarnelen.

2

Lagosta à moda de Peniche

Geschmorte Languste ☛ *Estremadura*

1 Die Zwiebeln häuten und fein hacken. Die Tomaten waschen, und in dünne Scheiben schneiden, Kerne und Rippen entfernen. Den Knoblauch abziehen und blättrig schneiden. Die Petersilie waschen, trockentupfen und hacken. Von der Languste (bzw. dem Hummer) den Rückenschild ablösen und den Darmtrakt entfernen. Das Krustentier waschen, trockentupfen und das Fleisch in ca. 1 cm breite Stücke schneiden. Den Boden einer geölten Kasserolle mit der Hälfte der Gewürze, d.h. Knoblauch, Zwiebeln und Petersilie, belegen und die Hälfte der Hummerscheiben darauf verteilen. Mit einer Prise Salz, Pfeffer und Paprikapulver würzen.

2 Diese Schicht nun dicht mit Tomatenscheiben belegen, festdrücken und glatt streichen, dann die restlichen Hummerscheiben darauf verteilen. Die andere Hälfte der Gewürze (Knoblauch, Zwiebel und Petersilie) hinzufügen, und zum Schluss die entkernten Chilischoten, das Lorbeerblatt, noch je eine Prise Salz, Pfeffer und Paprikapulver darüber geben. Mit einem Glas Wein begießen, den Deckel aufsetzen und bei schwacher Hitze eine Dreiviertelstunde garen lassen (oder im Backofen eine knappe Stunde bei 150 °C, dann herausnehmen, noch einen Guss Wein darüber träufeln und weitere 20 Minuten garen lassen). Das schmackhafte Hummergericht mit Langkornreis servieren.

1 Languste (oder Hummer) ca. 1,2 kg (küchenfertig)
4 reife Tomaten
2 Zwiebeln
2 Knoblauchzehen
2 rote frische Chilischoten
1 Lorbeerblatt
1 Strauß Petersilie
Paprikapulver
Trockener Weißwein
Gekochter Reis (als Beilage)
Salz und Pfeffer
Olivenöl

Portionen: 4
Vorbereitungszeit: 20′
Kochzeit: 45′
Schwierigkeitsgrad: ●
Geschmacksrichtung: ●●●
Kalorien (pro Portion): 588
Proteine (pro Portion): 50
Lipide (pro Portion): 14
Nährwert: ●●

Lulas recheadas

Gefüllte Kalmare ☛ *Algarve*

ca. 1 kg Kalmare
(klein bis mittelgroß)
120 g magerer roher Schinken
2 Zwiebeln
5 reife Tomaten
2 Knoblauchzehen
1 Ei
1 Lorbeerblatt
1 Sträußchen Petersilie
Salz und Pfeffer
Olivenöl

Portionen: 4
Vorbereitungszeit: 25'
Kochzeit: 40'
Schwierigkeitsgrad: ●●●
Geschmacksrichtung: ●●
Kalorien (pro Portion): 456
Proteine (pro Portion): 36
Lipide (pro Portion): 30
Nährwert: ●●

Den Knoblauch abziehen und die Zwiebeln häuten, die Tomaten aushöhlen. Die Kalmare kochfertig vorbereiten, d.h. Mund, Augen, Eingeweide und Knorpel entfernen, waschen und den Tintenbeutel von den Tentakeln abtrennen. Die Tentakel zusammen mit dem Schinken, einer Zwiebel und einer Knoblauchzehe hacken. Das Ei darüber aufschlagen und alles vermischen. Mit dieser Farce die Kalmare füllen und mit einem Zahnstocher verschließen. Die restliche Zwiebel und den Knoblauch fein hacken und mit 5-6 Esslöffel Öl in der Kasserolle andünsten, dann die zerkleinerten Tomaten, das Lorbeerblatt und die gehackte Petersilie hinzufügen. Mit Salz und Pfeffer würzen und etwa zehn Minuten sacht durchziehen lassen. dann die Kalmare in die Sauce legen, den Topf zudecken und eine halbe Stunde schmoren lassen. Gegebenenfalls ein wenig Wasser zugießen, damit die Kalmare beim Garen nicht austrocknen. Mit frisch gehackter Petersilie bestreuen und warm servieren.

Pargo no forno

Sackbrasse aus der Röhre ☛ *Estremadura*

1 Sackbrasse (auch Zahnbrassen oder Meerbrasse), ca. 1 kg
5-6 reife Tomaten
1 Zwiebel
1 Knoblauchzehe
Koriandersamen
Petersilie (zum Garnieren)
Salzkartoffeln (als Beilage)
Trockener Weißwein
Salz und Pfeffer
Olivenöl

Portionen: 4
Vorbereitungszeit: 20′
Kochzeit: 40′
Schwierigkeitsgrad: ●●
Geschmacksrichtung: ●●
Kalorien (pro Portion): 544
Proteine (pro Portion): 44
Lipide (pro Portion): 19
Nährwert: ●●

Den Fisch säubern, schuppen, ausnehmen, unter fließend kaltem Wasser abbrausen und trockentupfen. Den Knoblauch abziehen, die Zwiebel häuten und beides fein hacken. Die Tomaten waschen, entkernen und in dünne Scheiben schneiden.

Mit der Hälfte der Tomatenscheiben den Boden einer geölten feuerfesten Form auslegen, die Hälfte des Kräutergemisches und 4-5 im Mörser zerstoßene Koriandersamen darüber verteilen. Ein Glas Wein in die feuerfeste Form, jedoch nicht über den Fisch gießen.

Die Form in den auf 180 °C vorgeheizten Backofen schieben und 35 Minuten garen lassen. Ab und zu mit dem Sud beträufeln, damit der Fisch nicht austrocknet. Dann herausnehmen, auf einer Platte auf einem Bett mit Kartoffelscheiben anrichten und warm stellen. Die Tomaten in der Sauce mit dem Kochlöffel zerdrücken und auf niedriger Flamme eindicken lassen. Die Fischplatte mit Petersilie garnieren und mit der Sauce auftragen.

POLVO GUISADO

Tintenfisch in Rotwein ☛ *Azoren*

ca. 1,2 kg (mittelgroße) Tintenfische
2 Zwiebeln
2 Knoblauchzehen
Lorbeer und Petersilie
massa de pimentão (s. nebenstehend)
Jamaika-Pimentkörner (s. nebenstehend)
Rotwein
Petersilienkartoffeln (als Beilage)
Salz und Pfefferkörner
35 g Schmalz

Portionen: 4
Vorbereitungszeit: 20′
Kochzeit: 1h
Schwierigkeitsgrad: ●●
Geschmacksrichtung: ●●
Kalorien (pro Portion): 460
Proteine (pro Portion): 32
Lipide (pro Portion): 12
Nährwert: ●●

1 Dieses Rezept erfordert eine etwas ungewöhnliche Kochtechnik. Die Tintenfische zurichten, d.h. ausnehmen und Augen und Mund entfernen, dann unter fließend kaltem Wasser abbrausen, trockentupfen und in kleine Stücke schneiden. Das Schmalz in einer Kasserolle zergehen (aber nicht rauchig werden) lassen und darin die gehackten Zwiebeln und den Knoblauch glasig dünsten. Dann den Tintenfisch hineingeben, den Topf zudecken und auf kleiner Flamme dünsten. Der Tintenfisch gibt auf diese Weise die in den Fasern enthaltene Flüssigkeit ab.

2 Die von den Mollusken abgegebene Flüssigkeit nach und nach abschöpfen und beiseite stellen. Den Vorgang (bei zugedecktem Topf und schwacher Hitze) solange wiederholen, bis die Tintenfischstücke hart geworden sind.

3 Nun ein wenig von dem Tintenfischwasser, eine Prise Salz, 4-5 Pfefferkörner, 7-8 Körner Jamaika-Piment, einen gehäuften Teelöffel *massa de pimentão* und ein Lorbeerblatt zufügen. Wenn der Fisch die Flüssigkeit aufgesogen hat, wieder etwas davon nachgießen, bis das ganze Tintenfischwasser verbraucht ist. Zwischen jedem Arbeitsschritt den Topf zudecken.

4 Dann, so wie vorher, nach und nach 2 volle Gläser Wein zugießen und ebenfalls langsam mit dem Tintenfisch verdunsten lassen (dabei zwischendurch immer den Deckel aufsetzen). Wenn der Wein verbraucht ist, den Deckel abnehmen und die Sauce weiter eindicken lassen. Den Tintenfisch mit dem kräftigen Weinsud und Petersilienkartoffeln servieren.

Massa de pimentão *ist eine Paste aus verschiedenen Paprikasorten der Azoren. Sie sind rot, dreieckig und mehr oder weniger pikant. Sie werden aufgeschlitzt, entkernt und mit grobem Salz im Mörser zerstoßen. Man kann die Paste durch Paprika aus der Tube ersetzen. Piment (eine Pfefferart) aus Jamaika ist der getrocknete Samen eines Myrtengewächses aus Mittelamerika. Es schmeckt stark nach Zimt, Gewürznelke und Muskatnuss.*

3

4

RAIA COM MOLHO DE PITAU

Rochen in pikanter Sauce ☛ *Beira Litoral*

700 g Rochenfilets
6 (mittelgroße) Kartoffeln
2 Knoblauchzehen
1 gesalzene Sardelle
1 Lorbeerblatt
Paprikapulver (s. Hinweis)
Essig
Salz und Pfeffer
Olivenöl

Portionen: 4
Vorbereitungszeit: 15'+1h
Kochzeit: 30'
Schwierigkeitsgrad: ●
Geschmacksrichtung: ●●●
Kalorien (pro Portion): 550
Proteine (pro Portion): 46
Lipide (pro Portion): 31
Nährwert: ●●

Die Rochenfilets vorsichtig salzen, auf eine Platte legen und eine knappe Stunde ruhen lassen. In der Zwischenzeit die Kartoffeln in schwach gesalzenem Wasser kochen, pellen und warm stellen. Die Rochenfilets 10 Minuten in ungesalzenem Wasser abkochen und in der Brühe erkalten lassen.
Für die Sauce ein halbes Glas Öl in einem Töpfchen erhitzen und darin den abgezogenen und zerdrückten Knoblauch, das Lorbeerblatt, einen Teelöffel Paprikapulver und eine Prise Pfeffer sacht andünsten. Die gewaschene und filetierte Sardelle in dem Öl zergehen lassen und einen Tropfen Essig zufügen. Alles gut vermischen, jedoch nicht aufkochen.
Fisch und Kartoffeln in Streifen schneiden und abwechselnd auf einer Platte anrichten, dann die pikante Sauce darüber geben.
Das Originalrezept schreibt anstatt der Sardelle die Rochenleber vor, aber da diese nicht immer ohne weiteres erhältlich ist, haben wir uns die Alternative mit der Sardelle ausgedacht.

SARDINHAS ASSADAS

Gegrillte Sardinen ☛ *Estremadura*

Die Sardinen zurichten, d.h. ausnehmen und mehrmals unter fließend kaltem Wasser abbrausen, nebeneinander auf eine Platte legen und eine Handvoll grobes Salz darüber streuen. Eine Stunde ruhen lassen, dann mit einem Tuch die Salzkörner entfernen. Die Fische nach Belieben mit Olivenöl bepinseln (aber besser schmecken sie ohne Öl) und grillen, entweder auf glühender Asche (nicht bei brennendem Feuer) oder im Ofengrill (ca. 5 Minuten von jeder Seite). Sofort servieren und gemischten Salat (Kopfsalat, Paprika, Gurke, Tomaten usw.) dazu reichen.

24-32 fangfrische Sardinen (je nach Größe)
Gemischter Salat
Grobes Meersalz
Olivenöl (nach Belieben)

Portionen: 4
Vorbereitungszeit: 15'+1h
Kochzeit: 10'
Schwierigkeitsgrad: ●
Geschmacksrichtung: ●●●
Kalorien (pro Portion): 316
Proteine (pro Portion): 30
Lipide (pro Portion): 20
Nährwert: ●

Truta à moda de Barroso

Forellen mit Speck ☛ *Alto Douro*

4 Forellen (Regenbogenforelle oder Lachsforelle), insgesamt 1 kg
60 g magerer geräucherter Schinken (dünne Scheiben)
100 g fetter Speck (oder 50 g Schmalz)
Kopf- oder Endiviensalat (als Beilage)
Salz und Pfeffer

Portionen: 4
Vorbereitungszeit: 20′
Kochzeit: 30′
Schwierigkeitsgrad: ●●
Geschmacksrichtung: ●●
Kalorien (pro Portion): 655
Proteine (pro Portion): 51
Lipide (pro Portion): 48
Nährwert: ●●●

Die geschuppten und ausgenommenen Forellen unter fließend kaltem Wasser abbrausen und trockentupfen. In den Bauch jeder Forelle ein paar Schinkenröllchen legen und mit Salz und Pfeffer würzen.
Den Speck in Würfel schneiden und in der Pfanne langsam auslassen, aber nicht rösten (als Alternative Schmalz verwenden). Die Forellen gegebenenfalls nacheinander unter Wenden in dem Speck braten, das Fett jedoch nicht rauchig werden lassen. Den auf einer Platte angerichteten grünen Salat mit dem restlichen ausgelassenen Speck beträufeln, die Forellen darauf legen und servieren.

Trutas abafadas

Marinierte Forellen ☛ *Beira Alta*

4 Forellen (Regenbogenforelle oder Lachsforelle), insgesamt 1 kg
3 Knoblauchzehen
1 Lorbeerblatt
1 Strauß Petersilie
Muskatnuss
Weißer Weinessig
Petersilienkartoffeln (als Beilage)
Salz und Pfeffer
Olivenöl

Portionen: 4
Vorbereitungszeit: 20′
Kochzeit: 20′
Schwierigkeitsgrad: ●●
Geschmacksrichtung: ●●
Kalorien (pro Portion): 570
Proteine (pro Portion): 52
Lipide (pro Portion): 26
Nährwert: ●

Die Forellen schuppen, ausnehmen, die Flossen stutzen und die Fische von innen und außen gut waschen. Den abgezogenen und blättrig geschnittenen Knoblauch in einer breiten Pfanne mit 4 Esslöffel Öl und einem Lorbeerblatt andünsten. Sobald der Knoblauch eine goldgelbe Farbe angenommen hat, 2 Glas Essig, die gehackte Petersilie, je eine Prise Salz, Pfeffer und abgeriebene Muskatnuss zufügen. Kurz bevor die Marinade zum Kochen kommt, die Forellen hineingeben und darin garen. Nach 7-8 Minuten wenden. Dann die Forellen mit der ganzen Marinade in eine Terrine legen und abkühlen lassen. Am besten schmecken sie kalt am nächsten Tag. Auf einem Salatbett anrichten und Petersilienkartoffeln dazu reichen.

BACALHAU À ASSIS

Kabeljau mit Gemüse ☛ *Beira Baixa*

700 g eingeweichter Kabeljau
3 Eier
100 g magerer roher Schinken (am Stück)
4 mittelgroße Kartoffeln
3 Karotten
1 Zwiebel
1 Paprikaschote
1 Strauß Petersilie
Olivenöl

Portionen: 4
Vorbereitungszeit: 25'
Kochzeit: 25'
Schwierigkeitsgrad: ●●
Geschmacksrichtung: ●●●
Kalorien (pro Portion): 603
Proteine (pro Portion): 51
Lipide (pro Portion): 27
Nährwert: ●●●

Den Kabeljau waschen und häuten. Die Paprikaschote putzen, aufschneiden und Kerne und Rippen entfernen. Die Kartoffeln schälen und die Karotten abschaben. Beides in schwach gesalzenem Wasser kurz (10 Minuten) abkochen und in dünne Stäbchen (Julienne) schneiden. Die Zwiebel in Streifen schneiden, die Paprikaschote und den Schinken in kleine Würfel schneiden und zusammen mit 3-4 Esslöffel Öl in einer Kasserolle anrösten. Wenn das Gemüse fast gar ist, den in kleine Stücke geschnittenen Kabeljau hinzufügen und zum Kochen bringen. Kurz vor Ende der Garzeit die Karotten- und Kartoffel-Julienne dazugeben. Alles untereinander rühren, durchziehen lassen und die Kasserolle vom Herd nehmen. Die Eier verquirlen, die gehackte Petersilie hineingeben und vorsichtig unter das Gericht heben, das heiß serviert wird. Salz ist wegen der Kombination von Kabeljau und Schinken überflüssig.

Bacalhau à Brás

Kabeljau mit Kartoffeln und Zwiebeln ☛ *Estremadura*

700 g eingeweichter Kabeljau
4 Eier
4 Kartoffeln
1 Zwiebel
1 Knoblauchzehe
Petersilie
Schwarze Oliven (als Beilage)
Salz und Pfeffer
Frittieröl
Olivenöl

Portionen: 4
Vorbereitungszeit: 20′
Kochzeit: 25′
Schwierigkeitsgrad: ●●
Geschmacksrichtung: ●●●
Kalorien (pro Portion): 730
Proteine (pro Portion): 52
Lipide (pro Portion): 41
Nährwert: ●●●

1 Den Kabeljau unter fließend kaltem Wasser abbrausen, die Haut abziehen und eventuelle Gräten und Knorpel entfernen. Dann den Fisch nach dem Faserverlauf zerkleinern. Die Kartoffeln schälen, waschen, in Stäbchen schneiden (für streichholzgroße Stäbchen ein Schneidgerät benutzen), und in reichlich siedend heißem Frittieröl goldgelb braten. Mit dem Schaumlöffel herausnehmen und auf Küchenkrepp abtropfen lassen.

2 Die Zwiebel häuten, in Streifen schneiden und mit der abgezogenen und gehackten Knoblauchzehe in 4-5 Esslöffel Öl in der Kasserolle andünsten, den klein geschnittenen Kabeljau zufügen und auf kleiner Flamme unter sachtem Umrühren durchziehen lassen. Dann nacheinander die Kartoffeln und die mit einer Prise Salz und Pfeffer verquirlten Eier zufügen. Bei schwacher Hitze alles vorsichtig umrühren, bis das Gericht eine cremige Konsistenz annimmt. Auf einer Platte anrichten, mit gehackter Petersilie bestreuen und die Oliven dazu reichen.

Bacalhau à Gomes de Sá

Kabeljau in Milch mit Kartoffeln ☛ *Douro*

800 g eingeweichter Kabeljau
5 (mittelgroße) Kartoffeln
2 Eier
1 Zwiebel
1 Knoblauchzehe
Schwarze Oliven in Salzlake (zwei Dutzend, entkernt)
$^1/_2$ l Milch
Salz und Pfeffer
Olivenöl

Portionen: 4
Vorbereitungszeit: 20'+2h 20'
Kochzeit: 40'
Schwierigkeitsgrad: ●●
Geschmacksrichtung: ●●●
Kalorien (pro Portion): 499
Proteine (pro Portion): 54
Lipide (pro Portion): 25
Nährwert: ●●

1

3

2

4

1 Den Kabeljau unter fließend kaltem Wasser abbrausen, trockentupfen und in eine breite Kasserolle (oder eine feuerfeste Form mit Deckel) legen. Mit kochendem Wasser übergießen und zugedeckt 20 Minuten ruhen lassen.

2 Den Kabeljau abgießen, häuten, eventuelle Gräten und Knorpel entfernen und in gleichmäßige Stücke schneiden. Das Kochwasser wegschütten, den Fisch in die Kasserolle legen und mit kochender Milch übergießen. Den Topf zudecken und zwei Stunden stehen lassen. In der Zwischenzeit die Kartoffeln waschen, kochen, noch warm pellen und beiseite stellen. Die Eier 7 Minuten hart kochen, lauwarm abkühlen lassen, pellen und ebenfalls beiseite stellen.

3 Knoblauch und Zwiebel putzen, in Scheibchen schneiden und mit einem halben Glas Öl in einer anderen Kasserolle glasig dünsten. Die Kartoffeln in Scheiben schneiden. Den Kabeljau aus der Milch heben und gut abtropfen lassen. Fisch und Kartoffeln in die Kasserolle geben, mit Salz (in diesem Fall ja, weil der Kabeljau in Milch eingelegt war) und Pfeffer würzen und alles auf kleinster Flamme unter leichtem Umrühren durchziehen, aber nicht aufkochen lassen.

4 Kabeljau und Kartoffeln in einer feuerfesten Form abwechselnd aufschichten, das Öl aus der Kasserolle darübergießen und bei 220 °C 10 Minuten im Backofen gratinieren. Das Gericht mit gehackter Petersilie bestreuen, mit Eierscheiben und schwarzen Oliven garnieren und auf den Tisch bringen.

Bacalhau à lagareiro

Marinierter Kabeljau aus der Röhre ☛ *Douro und Minho*

800 g eingeweichter Kabeljau
4 Knoblauchzehen
2 Eier
1 Zitrone
40 g Paniermehl
ca. 1/2 l Milch
Grüner Salat (als Beilage)
Salz und Pfeffer
Olivenöl

Portionen: 4
Vorbereitungszeit: 20'+2h
Kochzeit: 25'
Schwierigkeitsgrad: ●●
Geschmacksrichtung: ●●●
Kalorien (pro Portion): 479
Proteine (pro Portion): 54
Lipide (pro Portion): 21
Nährwert: ●●

1 Den Kabeljau unter fließend kaltem Wasser abbrausen, häuten und in gleichmäßige Stücke schneiden. Den Fisch in eine Terrine legen und knapp mit Milch bedecken, zusammen mit dem blättrig geschnittenen Knoblauch, einer Prise Salz und dem Saft einer Zitrone. Den Kabeljau 2 Stunden marinieren lassen, dann herausnehmen und abtropfen lassen (die Flüssigkeit aufheben).

2 Die Kabeljaustücke ein paar Minuten in das verquirlte Ei tauchen und dann in Paniermehl wenden. 6 Esslöffel Öl und 3-4 Esslöffel von der Marinade in eine feuerfeste Form gießen, die Fischportionen nebeneinander hineinlegen und bei 180 °C 25 Minuten im Backofen garen. Eventuell etwas Marinade nachgießen, damit der Fisch nicht austrocknet. Das schmackhafte Kabeljaugericht mit grünem Salat (oder Petersilienkartoffeln) servieren.

1

2

BACALHAU ASSADO COM BATATAS A MURRO

Gegrillter Kabeljau mit Kartoffeln ☛ *Beira Alta*

800 g eingeweichter Kabeljau
12 (kleine) Kartoffeln
4-5 Knoblauchzehen
Grobes Salz und Pfeffer
Olivenöl

Portionen:	4
Vorbereitungszeit:	20'+20'
Kochzeit:	20'
Schwierigkeitsgrad:	●●
Geschmacksrichtung:	●●●
Kalorien (pro Portion):	510
Proteine (pro Portion):	50
Lipide (pro Portion):	13
Nährwert:	●●

Den Kabeljau unter fließend kaltem Wasser abbrausen, häuten und in gleichmäßige Stücke schneiden. Die Portionen 4 Minuten von jeder Seite auf glühender Holzkohle oder im Backofen grillen. Ein Glas Öl mit den abgezogenen und zerdrückten Knoblauchzehen und einer Prise Pfeffer in einem Terrakotta- oder Kupfertöpfchen langsam erhitzen, jedoch nicht aufkochen, von der Herdstelle nehmen und in eine Terrine gießen. Die zerkleinerten Kabeljaustücke in das heiße Gewürzöl legen und ca. 20 Minuten ziehen lassen.
Die Kartoffeln gut waschen und mit der Schale in einer Schüssel mit grobem Salz wenden, dann in eine feuerfeste Form legen und bei 180 °C 20 Minuten im Backofen garen. Nach der halben Garzeit die Kartoffeln herausnehmen und mit der flachen Hand pressen (Vorsicht, sie sind heiß!), sodass sie aufplatzen (aber nicht zerfallen). Noch einmal mit grobem Salz bestreuen, wieder in den Backofen schieben und zu Ende garen lassen.

BACALHAU ASSADO COM BROA

Knusprige Kabeljaufilets ☛ *Beira Litoral*

1

800 g eingeweichter Kabeljau
4 Scheiben *broa*
(s. Arbeitsschritte 1)
ohne Kruste
1 Zwiebel
3 Knoblauchzehen
1 Lorbeerblatt
Paprikapulver (s. Hinweis)
Trockener Weißwein
Gemischter Salat (als Beilage)
Pfefferkörner
und gemahlener Pfeffer
20 g Schmalz
Olivenöl

Portionen: 4
Vorbereitungszeit: 15′
Kochzeit: 25′
Schwierigkeitsgrad: ●●
Geschmacksrichtung: ●●●
Kalorien (pro Portion): 573
Proteine (pro Portion): 49
Lipide (pro Portion): 17

1 Den Kabeljau waschen, häuten und in gleichmäßige Filetstücke schneiden. Den Fisch mit einem Glas Wein, einem Lorbeerblatt und 3-4 Pfefferkörnern in eine geölte feuerfeste Form legen und 10 Minuten bei 200 °C in den Backofen geben. In der Zwischenzeit die *broa*-Scheiben (s. Rezept *Migas da Lousã* S. 34, Arbeitsschritte 1 und 2) reichlich mit Wein beträufeln, in einer großen Schüssel zerbröseln und die fein gehackte Zwiebel zufügen. Mit dem zerlassenen Schmalz und einer Prise Pfeffer anrichten, gut untereinander rühren und einige Minuten ruhen lassen.

2

2 Die Form aus dem Ofen nehmen, die Filets gleichmäßig mit der *broa*-Masse bestreichen und im Backofen zu Ende garen (ca. weitere 10 Minuten), bis sie goldbraun und knusprig aussehen. Mit Pommes frites oder gemischtem Salat servieren.

BACALHAU PODRE

Gebackener Kabeljau mit Kartoffeln ☛ *Alto Douro*

1 Den Kabeljau waschen, häuten und in 4 gleichmäßige Filetstücke schneiden. Den Fisch in eine Pfanne legen, mit Wasser bedecken und die Herdstelle einschalten. Sobald das Wasser kocht, die Filets mit dem Schaumlöffel herausnehmen und abtropfen lassen. Das Wasser aufheben. Das Ei mit dem Mehl verquirlen und ein wenig Wasser zufügen, damit ein flüssiger Teig entsteht. 4-5 Esslöffel Olivenöl in einer Pfanne erhitzen, die Filets durch den Teig ziehen und von beiden Seiten goldgelb ausbacken, herausheben und auf Küchenkrepp abtropfen lassen. Die geschälten Kartoffeln in (nicht zu dünne) Scheiben schneiden, leicht salzen und in dem resltichen Öl in der Pfanne sautieren.

2 Die in Streifen geschnittene Zwiebel mit der zerdrückten Knoblauchzehe und dem Lorbeerblatt in 2-3 Esslöffel Öl und 4-5 Esslöffel von dem Fischwasser in einer breiten feuerfesten Kasserolle bei geöffnetem Topf dünsten. Sobald die Zwiebel gar ist, die Kasserolle vom Feuer nehmen, eine Schicht Kartoffelscheiben hineingeben, die Kabeljaufilets darauf legen und mit einer weiteren Schicht Kartoffelscheiben bedecken. Zum Schluss mit gehackter Petersilie bestreuen. Die restlichen Eier mit etwas Salz und Pfeffer schaumig verquirlen und über das Fischgericht gießen. Den Deckel aufsetzen und die Kasserolle 10-12 Minuten in den mäßig warmen Backofen (140 °C) geben, bis die Eier gestockt sind. Vor dem Servieren mit gehackter Petersilie bestreuen.

700 g eingeweichter Kabeljau
5 Eier
8 (mittelgroße) Kartoffeln
1 Zwiebel
1 Knoblauchzehe
1 Lorbeerblatt
1 Strauß Petersilie
20 g Mehl
Salz und Pfeffer
Olivenöl

Portionen: 4
Vorbereitungszeit: 20′
Kochzeit: 25′
Schwierigkeitsgrad: ●●
Geschmacksrichtung: ●●●
Kalorien (pro Portion): 721
Proteine (pro Portion): 58
Lipide (pro Portion): 25
Nährwert: ●●●

2

1

BOLA DE BACALHAU

Kabeljau-Pastete ☛ *Trás-os-Montes*

800 g eingeweichter Kabeljau
400 g Mehl
3 Zwiebeln
2 Knoblauchzehen
15 g Bierhefe
20 g Schmalz
Olivenöl

Portionen: 4
Vorbereitungszeit: 35'+2h
Kochzeit: 35'
Schwierigkeitsgrad: ●●●
Geschmacksrichtung: ●●●
Kalorien (pro Portion): 716
Proteine (pro Portion): 54
Lipide (pro Portion): 18
Nährwert: ●●●

1 Das Mehl in eine breite Schüssel sieben, in der Mitte eine Vertiefung machen und die in etwas lauwarmem Wasser aufgelöste Hefe hineingießen. Mit dem Rührgerät einen Teig kneten. Das Schmalz und soviel Wasser zufügen, dass ein fester, glatter Teig entsteht. Die Schüssel mit einem Tuch zudecken und zwei Stunden gehen lassen.

2 In der Zwischenzeit die Zwiebeln häuten, in Streifen schneiden und mit dem blättrig geschnittenen Knoblauch in 7-8 Esslöffel Öl in der Kasserolle glasig dünsten. Die Kabeljaufilets zurichten, eventuelle Gräten und Knorpel entfernen. Dann die Filets schaben und mit dem Sud in der Kasserolle etwa zehn Minuten durchziehen lassen.

3 Den Teig noch einmal von Hand kurz durchkneten, ausrollen und in zwei ungleiche Hälften (etwa $2/3$ und $1/3$) teilen. Mit der größeren Teigplatte eine geölte, feuerfeste Form auslegen. Die Form sollte nicht zu flach sein, damit die Pastete darin Platz hat.

1

2

4 Den Kabeljau mit dem Sud einfüllen, mit der kleineren Teigplatte abdecken und die Ränder festdrücken. Mit dem Teigverschnitt die Pastete verzieren. Die Oberfläche mit einem verquirlten Ei bestreichen. Die Pastete ca. 20 Minuten bei 200 °C im Backofen backen.

3

4

PASTÉIS DE BACALHAU

Kabeljau-Kroketten ☛ *Minho*

400 g eingeweichter Kabeljau
5 (mittelgroße) Kartoffeln
4 Eier
1 Zwiebel
1 Strauß Petersilie
Muskatnuss
Trockener Weißwein
2-3 Zitronen, Salat
(zum Garnieren)
Salz und Pfeffer
Frittieröl

Portionen: 4
Vorbereitungszeit: 25′
Kochzeit: 40′
Schwierigkeitsgrad: ●●●
Geschmacksrichtung: ●●
Kalorien (pro Portion): 695
Proteine (pro Portion): 38
Lipide (pro Portion): 36
Nährwert: ●●●

Den Kabeljau waschen und häuten, Knorpel und Gräten entfernen, in Scheiben schneiden und die Filets in einen breiten Topf mit kaltem Wasser geben. Die Herdstelle einschalten und sobald das Wasser kocht, die Filets herausheben und abtropfen lassen. Die Kartoffeln waschen, kochen, warm pellen und durch ein Passiergerät treiben (oder im Mixer pürieren). Den Kartoffelbrei in eine Schüssel geben und mit dem zerkleinerten Kabeljau, der feingehackten Zwiebel und Petersilie, einer Prise abgeriebener Muskatnuss, (ganz wenig) Salz und einer Prise Pfeffer vermengen. Ein halbes Glas Wein zugießen und die schaumig verquirlten Eier vorsichtig darunter heben und den Teig entweder von Hand oder mit dem Rührgerät verkneten, bis ein glatter fester Teig entsteht. Ovale Klößchen daraus formen und in siedendem Öl ausbacken. Die leckeren Kroketten auf einem mit Zitronenspalten garnierten Salatbett servieren.

Fleisch und Geflügel

Eine Fülle herrlicher Aromen erwartet uns in dieser Sparte, wo neben einfachen Schnellgerichten, köstlich und linear in der Geschmacksrichtung, auch aufwendigere Fleischgerichte zu finden sind, regelrechte gastronomische "Monumente", rustikal oder raffiniert, für den besonderen Anlass. Aber Sie werden bald feststellen, dass die Rezepte schwieriger aussehen als sie es in Wirklichkeit sind, wie der cozido, *die* rojões com belouras *oder der titanische* peru recheado. *Beliebte Beilagen zu dem häufig marinierten Fleisch sind Gemüse, aber auch Kroketten und Meeresfrüchte, wie bei dem vorzüglichen und ausgefallenen Gericht* lombo de porco com amêijoas.

4

Bifes de cebolada

Rinderschnitten mit Zwiebeln ☛ *Estremadura*

4 Scheiben Rindfleisch (Keule oder Entrecôte) oder Mastkalb, ingesamt 600 g
3 Zwiebeln
2-3 reife Tomaten
2 Knoblauchzehen
Lorbeerblatt und Petersilie
Pommes frites (als Beilage)
Salz und Pfeffer
Olivenöl

Die Tomaten waschen, die Kerne entfernen und die Tomaten in dünne Scheiben schneiden. Die Zwiebeln häuten, in Streifen schneiden und den Boden einer Kasserolle damit auslegen. Einen Guss Öl über die Zwiebelschicht träufeln, die Fleischscheiben darauf legen und mit Tomatenscheiben, dem blättrig geschnittenen Knoblauch und der gehackten Petersilie belegen. Jede Schicht mit einer Prise Salz und einem zerpflückten Lorbeerblatt würzen. Den Deckel auf die Kasserolle geben und eine knappe halbe Stunde sacht kochen lassen. Den Sud eventuell zum Schluss bei geöffnetem Topf noch 5 Minuten eindicken lassen. Die Rinderschnitten mit der Sauce anrichten und Pommes frites dazu reichen.

Portionen: 4
Vorbereitungszeit: 15′
Kochzeit: 30′
Schwierigkeitsgrad: ●
Geschmacksrichtung: ●●
Kalorien (pro Portion): 363
Proteine (pro Portion): 35
Lipide (pro Portion): 12
Nährwert: ●

VITELA ASSADA

Kalbsbraten im Salzmantel ☛ *Beira Alta*

800 g Kalbsbraten
(ein festes Hinterstück)
Gemischter Salat und junge
Zwiebeln (zum Servieren)
Grobes Salz

Portionen: 4
Vorbereitungszeit: 10′
Kochzeit: 40′
Schwierigkeitsgrad: ●
Geschmacksrichtung: ●●
Kalorien (pro Portion): 179
Proteine (pro Portion): 40
Lipide (pro Portion): 2
Nährwert: ●

Auch dieses Gericht ist einfach und schmackhaft. Das Fleisch zubinden, rundum anfeuchten und auf eine mit reichlich Salz bedeckte Platte legen. Das Fleisch mehrmals darin wenden, bis es rundum mit einem Salzmantel bedeckt ist. Nach dem traditionellen Rezept wird das Fleisch dann auf glühender Holzkohle am Spieß gebraten. Es empfiehlt sich, unter den Kalbsbraten einen Fettfänger zu stellen, in dem der Fleischsaft aufgefangen wird. Wenn man keinen Kamin hat, kann man das Fleisch auch bei 180 °C (40 Minuten) im Backofen grillen oder in einer feuerfesten Form (möglichst aus Terrakotta und mit Deckel) beziehungsweise im Römertopf bei 200 °C im Backofen braten. Das Fleisch nach der Garzeit losbinden, vom Spieß lösen und das Salz sorgfältig abklopfen. Den saftigen Braten mit gemischtem Salat und jungen Zwiebeln servieren.

CABRITO ASSADO

Ziegenlammbraten ☛ *Ribatejo*

ca. 1,4 kg Ziegenlammrücken
100 g *chouriço de carne* (s. Hinweis)
80 g Speck (am Stück)
1 Zwiebel
2 Knoblauchzehen
1 rote getrocknete Chilischote
Paprikapulver (s. Hinweis)
1 Strauß Petersilie
Trockener Weißwein
500 g kleine neue Kartoffeln (als Beilage)
Salz
Olivenöl

Portionen:	4
Vorbereitungszeit:	20'+6h
Kochzeit:	1h 10'
Schwierigkeitsgrad:	●●
Geschmacksrichtung:	●●●
Kalorien (pro Portion):	763
Proteine (pro Portion):	49
Lipide (pro Portion):	345
Nährwert:	●●●

1

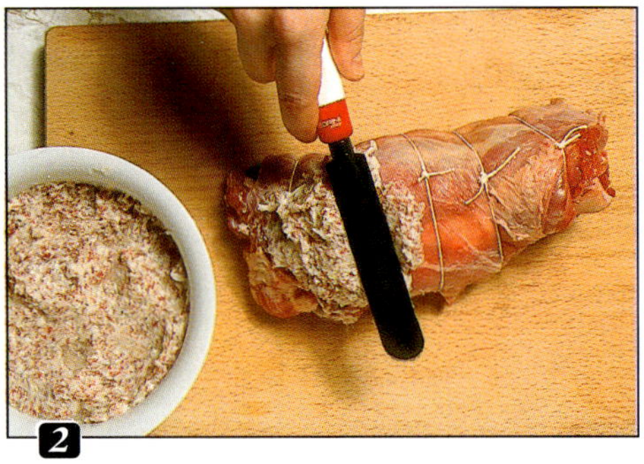

2

1 Die Ziebel in Spalten schneiden und mit dem Knoblauch, der entkernten Chilischote, der *Chouriço*-Wurst, dem Speck und der Petersilie im Mixer pürieren. Die Paste in eine Schüssel umfüllen, einen Teelöffel Paprikapulver, eine Prise Salz und ein halbes Glas Wein zugeben und alles gut vermengen.

2 Mit dieser Paste den zugebundenen Ziegenlammrücken rundum gleichmäßig bestreichen, auf eine Platte legen, mit einem passenden Schüsseldeckel zudecken und 5-6 Stunden ruhen lassen.

3 Eine große feuerfeste Form mit Öl auspinseln und den Ziegenlammrücken bei 180 °C etwa 45 Minuten im Backofen braten. Ab und zu mit Fleischfond oder mit ein wenig warmem Wasser begießen.

4 Die Form kurz aus dem Ofen nehmen. Die kleinen jungen Kartoffeln abbürsten, waschen, trockentupfen und mit der Schale rund um den Braten legen, in der Sauce wenden und mit Salz bestreuen. Wenn die Kartoffeln (nach ca. 25 Minuten) gar sind, den Braten losbinden und mit den Röstkartoffeln servieren.

Die Casa dos Patudos in Alparça.

3

4

PERNA DE BORREGO NO TACHO

Lammkeule mit Knoblauch ☛ *Algarve*

1 Lammkeule (oder Ziegenlammkeule) ca. 1 kg
6 (mittelgroße) Kartoffeln
1 Knoblauchknolle
Lorbeerblatt, Petersilie
Edelsüßes Paprikapulver (s. Hinweis)
1 Gewürznelke
Tomatenpüree
Roter Weinessig
Weißwein
Tomaten und Salatgurken (als Beilage)
Salz und Pfefferkörner
50 g Schmalz

Portionen:	4
Vorbereitungszeit:	15'+4h
Kochzeit:	1h 15'
Schwierigkeitsgrad:	●●
Geschmacksrichtung:	●●●
Kalorien (pro Portion):	596
Proteine (pro Portion):	47
Lipide (pro Portion):	17
Nährwert:	●●

1 Die abgezogenen Knoblauchzehen mit einer Prise Salz im Mörser zerstoßen (oder im Mixer pürieren) und mit der Paste die Lammkeule einreiben. Das Fleisch anschließend in eine ziemlich tiefe Kasserolle legen und eine Stunde ruhen lassen. Dann ein volles Glas Wein und ein halbes Glas mit etwas Wasser verdünnten Essig über die Lammkeule gießen. Nun die Marinade mit Petersilienblättchen, dem Lorbeerblatt, einem Teelöffel Paprikapulver, 4-5 Pfefferkörnern, der Gewürznelke, 3-4 Esslöffel Tomatenpüree und dem Schmalz würzen und das Fleisch 3 Stunden darin ruhen lassen. Ab und zu wenden.

2 Den Topf zudecken, aufsetzen und langsam zum Kochen bringen. Eine knappe Stunde köcheln lassen, dann die geschälten und in Stücke geschnittenen Kartoffeln hineingeben und bei geschlossenem Topf garkochen. Eventuell nachsalzen. Den Lammeintopf mit gemischtem Tomaten- und Gurkensalat servieren.

1

2

Das traditionelle Rezept schreibt anstatt des Tomatenmarks mit Essig vermischtes Kaninchenblut vor. Aber da dies auch beim Metzger nicht leicht zu finden ist - es sei denn, man schreitet selbst zur "Hinrichtung"- schlagen wir vor, statt dessen einen Esslöffel Tomatenmark zu verwenden, um der Sauce Farbe und eine sämige Konsistenz zu verleihen, oder aber ganz darauf zu verzichten.

COELHO À CAÇADORA

Kaninchen nach Jägerart ☛ *Estremadura*

1 Kaninchen, ca. 1,3 kg (küchenfertig)
2 (mittelgroße) Zwiebeln
150 g geräucherter Bauchspeck (in dünnen Scheiben)
4 reife Tomaten
3 Knoblauchzehen
Lorbeerblatt und Petersilie
Tomatenmark aus der Tube (nach Belieben)
Roter Weinessig
Rotwein
Salz und Pfeffer
50 g Schmalz

Portionen: 4
Vorbereitungszeit: 15'
Kochzeit: 1h
Schwierigkeitsgrad: ●●
Geschmacksrichtung: ●●●
Kalorien (pro Portion): 880
Proteine (pro Portion): 46
Lipide (pro Portion): 60
Nährwert: ●●●

Das Kaninchen waschen und in zwölf Portionsstücke (ohne Kopf) zerlegen. Die Tomaten waschen, Stielansatz und Kerne entfernen und in dünne Scheibchen schneiden.
Die Zwiebeln häuten, in Streifen schneiden und damit den Boden einer gut mit Schmalz eingefetteten Kasserolle auslegen. Die Kaninchenstücke darauflegen, mit Salz und Pfeffer würzen, mit gehacktem Knoblauch, den Tomatenscheiben und dem Bauchspeck belegen. Zum Schluss das zerpflückte Lorbeerblatt und gehackte Petersilie darüber streuen.
Den Topf zudecken, auf kleiner Flamme aufsetzen und knapp eine Stunde sacht köcheln lassen.
Ungefähr 5 Minuten vor Ende der Garzeit ein Glas Wein, gemischt mit 2-3 Esslöffel Essig, hinzufügen. Nach Belieben kann man in dem Essig einen Teelöffel Tomatenmark auflösen.
Die Flamme ein wenig höher drehen, zum Kochen bringen und bei geöffnetem Topf die Flüssigkeit eindicken lassen. Die Herdstelle ausschalten und das Kaninchengericht auf den Tisch bringen.

COELHO DE CEBOLADA

Süßsaures Kaninchen mit Zwiebeln ☛ *Trás-os-Montes*

1 Kaninchen, ca. 1,3 kg (küchenfertig)
4 (mittelgroße) Zwiebeln
Gemüsebrühe (Brühwürfel)
Zucker
Roter Weinessig
Salz und Pfeffer
Olivenöl

Portionen: 4
Vorbereitungszeit: 15′
Kochzeit: 1h 20′
Schwierigkeitsgrad: ●●
Geschmacksrichtung: ●●●
Kalorien (pro Portion): 507
Proteine (pro Portion): 52
Lipide (pro Portion): 19
Nährwert: ●●

1 Das Kaninchen waschen, trockentupfen und in etwa zwölf Portionsstücke (ohne Kopf) zerlegen. Die Zwiebeln häuten, in Streifen schneiden und mit 2-3 Esslöffel Öl, einem Guss Brühe und einer Prise Salz in eine (möglichst feuerfeste) Kasserolle geben und zugedeckt glasig dünsten. Dann 2 Esslöffel Zucker darüber streuen, die Flamme ein wenig höher drehen und den Zucker unter leichtem Umrühren etwa zehn Minuten karamellisieren lassen. Sollte der Sud zu trocken werden, noch ein wenig Brühe nachgießen.

2 Die Kaninchenstücke hineinlegen, in den Zwiebeln wenden, mit Salz und Pfeffer würzen, 2-3 Esslöffel Essig darüber träufeln und zehn Minuten anrösten. Dann den Deckel auflegen, in den Backofen schieben und bei 160 °C eine gute Stunde garen lassen, bis das Fleisch zart geworden ist.

2

1

GALINHA CEREJADA

Huhn mit Reis ☛ *Algarve*

1 Huhn, ca. 1,5 kg (küchenfertig)
300 g Suppenreis
120 g Bauchspeck (am Stück)
100 g *linguiça* (s. unten) oder *chouriço de carne* (s. Hinweis)
2 Zwiebeln
2 Knoblauchzehen
1 Strauß Petersilie
Trockener Weißwein
Salz
10 g Schmalz
Olivenöl

Portionen: 6
Vorbereitungszeit: 15′
Kochzeit: 1h 20′
Schwierigkeitsgrad: ●●
Geschmacksrichtung: ●●●
Kalorien (pro Portion): 978
Proteine (pro Portion): 39
Lipide (pro Portion): 63
Nährwert: ●●●

1 Das küchenfertige Huhn vierteilen (den Kopf nicht mitgerechnet) und mit dem Bauchspeck, der *linguiça* (oder *Chouriço*-Wurst), einer in Spalten geschnittenen Zwiebel und einem Zweiglein Petersilie in eine große Kasserolle geben. Reichlich mit Wasser bedecken und zum Kochen bringen. Den Deckel aufsetzen, die Flamme herunterdrehen und weiterköcheln lassen. Nach einer Dreiviertelstunde das Huhn und die Wurst herausnehmen, abtropfen lassen und beiseite stellen. Die Brühe aufheben. Die zweite Zwiebel fein hacken und in einer anderen Kasserolle mit 2-3 Esslöffel Öl, dem Schmalz, dem blättrig geschnittenen Knoblauch und einem Zweiglein Petersilie glasig dünsten.

2 Die zwölf Huhnstücke darin anbraten, bis sie gleichmäßig Farbe angenommen haben. Dann mit einem Glas Wein löschen, vorsichtig salzen, den Topf zudecken und auf niedriger Flamme (etwa eine halbe Stunde) garkochen. In der Zwischenzeit den Reis in der Fleischbrühe kochen, mit Salz abschmecken und abgießen. Das Huhn mit dem Reis auf einer Platte anrichten und mit Bauchspeckstreifen und Wurstscheiben (*linguiça* oder *chouriço*) belegen.

***Linguiça** ist eine mit viel Paprikapulver gewürzte Wurst.*

EMPADAS DE GALINHA

Hühnerpastetchen ☛ *Alentejo*

1 Huhn, ca. 1,5 kg (küchenfertig)
500 g Mehl
250 g geräucherter Speck (am Stück)
1 *Chouriço*-Wurst (s. Hinweis) oder 1 *linguiça* (s. S. 85)
2 Eier
1 Zwiebel
2 Knoblauchzehen
1 Zweig Petersilie
1 Zweig Majoran
2 Gewürznelken
Trockener Weißwein
Roter Weinessig
Salz und Pfefferkörner
Olivenöl

Portionen:	6
Vorbereitungszeit:	50′
Kochzeit:	1h 20′
Schwierigkeitsgrad:	●●●
Geschmacksrichtung:	●●●
Kalorien (pro Portion):	1358
Proteine (pro Portion):	60
Lipide (pro Portion):	76
Nährwert:	●●●

1

1 Ein Hinweis, bevor Sie anfangen: Für dieses Rezept werden zwölf Backförmchen (ca. 12 cm Durchmesser) benötigt. Das Huhn mit dem Speck, der *Chouriço*-Wurst, der gehackten Zwiebel und dem Knoblauch, je einem Zweiglein Petersilie und Majoran, den Gewürznelken und ca. zehn Pfefferkörnern in eine Kasserolle geben. Alles mit schwach gesalzenem Wasser bedecken und zwei volle Glas Wein, vermischt mit 3-4 Esslöffel Essig, dazugießen, aufkochen lassen, den Topf zudecken, die Flamme auf kleinste Stufe stellen und so lange köcheln lassen, bis sich das Hühnerfleisch von den Knochen zu lösen beginnt.

2 Das Huhn, die Wurst und den Speck aus dem Tof nehmen, die Brühe aufbewahren und filtrieren. Das im Sieb aufgefangene Fett nicht wegwerfen. Das Huhn sorgsam abpulen und das Fleisch, den Speck und die *Chouriço*-Wurst mit dem Wiegemesser fein hacken (oder im Mixer pürieren).

3 Das Mehl in eine Schüssel sieben, das im Sieb verbliebene Fett und ein wenig Brühe zugeben und mit dem Rührstab einen Teig kneten. Soviel Brühe nachgießen, wie für einen kompakten und glatten Teig benötigt wird. Eine Kugel formen und kurz ruhen lassen.

4 Den Teig ca. 5 mm dick ausrollen und mit einem Förmchen – die anschließend zum Backen verwendet werden – Kreise ausstechen. Damit die gut geölten Förmchen auslegen und den Teig fest andrücken. Den restlichen Teig dünn ausrollen und daraus kleinere Kreise ausstechen, mit denen die *empadas* zugedeckt werden.

5 Die Förmchen mit der Farce füllen, glattstreichen, ein wenig Brühe darüber träufeln, mit den kleineren Teigkreisen zudecken und die Ränder fest andrücken. Die Oberfläche mit verquirltem Ei bepinseln und die *empadas* im Backofen bei 180 °C (ca. 20 Minuten) goldgelb backen. Die fertigen Pasteten stürzen und heiß servieren.

Das Städtchen Estremoz in der Ebene des Alentejo.

2

3

4

5

Peru recheado

Gefüllter Truthahn ☛ *Alentejo*

1 Truthahn, 2,5 - 3 kg (küchenfertig)
3 Zitronen
100 g fetter Speck
Trockener Weißwein
Salz und Pfeffer
40 g Schmalz (oder Butter)

Für die Füllungen:
4 (mittelgroße) Kartoffeln
100 g mageres Schweinefleisch
100 g mageres Kalbfleisch
50 g *chouriço de carne* (s. Hinweis)
50 g geräucherter Bauchspeck
1 Eidotter
1 Zwiebel
1 Scheibe hausbackenes Brot (ohne Kruste)
ca. 10 schwarze Oliven
1 Zitrone (abgeriebene Schale)
Muskatnuss
Petersilie
Salz und Pfeffer
50 g Schmalz (oder Butter)

Portionen: 8-10
Vorbereitungszeit: 35'+6h
Kochzeit: 1h 40'
Schwierigkeitsgrad: ●●●
Geschmacksrichtung: ●●
Kalorien (pro Portion): 854
Proteine (pro Portion): 60
Lipide (pro Portion): 47
Nährwert: ●●●

1

2

3

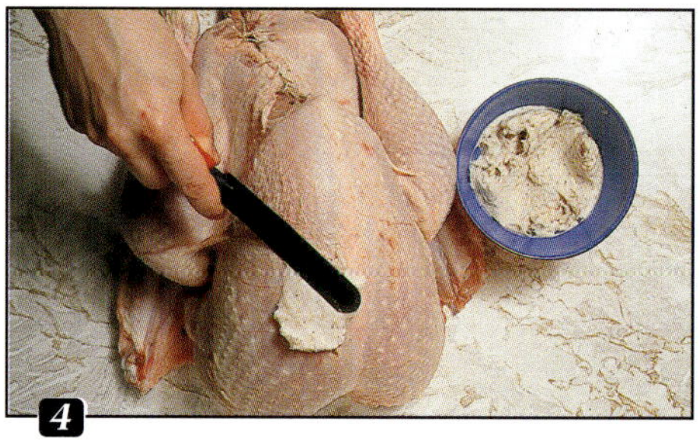
4

1 Nach dem traditionellen Rezept müsste der Vogel mindestens 6 Stunden in eine Schüssel mit kaltem Wasser, unter Zusatz von Zitronenspalten, gelegt werden. Dann herausnehmen und innen und außen gut trockentupfen. Die Brotscheibe in Wasser einweichen. Die Kartoffeln waschen, kochen, warm pellen und durch ein Passiergerät treiben (oder im Mixer pürieren). Die entkernten und gehackten Oliven, die fein gehackte Petersilie, eine Prise abgeriebene Muskatnuss, Salz und Pfeffer unter den Kartoffelbrei mengen. Dann 30 g Schmalz (oder weiche Butter) und das verquirlte Eigelb unter den Teig mischen und an einem warmen Ort ruhen lassen.

2 Das Schweinefleisch, das Kalbfleisch und die Wurst im Mixer pürieren und alles in eine andere Terrine geben. Dann die abgeriebene Zitronenschale und die ausgedrückte Brotkrume darunter mischen. Die Zwiebel fein hacken und mit 20 g ausgelassenem Schmalz glasig dünsten, zu der Fleischmasse geben und mit Salz und Pfeffer würzen.

3 Den Truthahn löffelweise mit den beiden Füllungen farcieren, zuerst die Fleischfüllung fest andrücken und glattstreichen und darüber die Kartoffelfarce. Dann den Bauch zunähen.

4 Den Speck fein pürieren und mit dem restlichen weichen Schmalz und einer Prise Salz und Pfeffer vermischen. Mit dieser Paste den Truthahn dick bestreichen. Den Vogel in eine mit Schmalz gefettete feuerfeste Form legen, in den Backofen schieben und bei 200 °C braten. Wenn die Haut anfängt, braun zu werden, die Form herausnehmen und den Vogel mit einem Glas Wein besprengen. Wieder in die Röhre schieben und zu Ende garen lassen. Ab und zu mit dem Bratenfond begießen, damit der Truthahn nicht austrocknet.

Das Originalrezept sieht noch ein wenig komplizierter aus. Da wird zum Beispiel der Hals mit der Kartoffelfarce und der Bauch mit der anderen Farce gefüllt. Aber abgesehen davon, dass es nicht einfach sein würde, im Handel einen Truthahn mit Hals zu finden, sind wir der Meinung, dass sich auch die Essgewohnheiten heute ein wenig geändert haben (etwa der Verzicht auf das Truthahnhirn, das in Zwiebel geröstet und unter den Kartoffelbrei gemischt werden müsste).

FRANGO NA PÚCARA

Huhn im Römertopf ☛ *Estremadura*

1 Huhn, ca. 1,2 kg
  (küchenfertig)
100 g geräucherter Schinken
  (dünne Scheiben)
12 runde junge Zwiebeln
3 reife Tomaten
1 Paprikaschote
2 Knoblauchzehen
Scharfer Senf
Gehackte Petersilie
Trockener Weißwein
Schnaps oder Brandy
Tawny-Portwein
Salz und Pfeffer

Portionen: 4
Vorbereitungszeit: 20'
Kochzeit: 1h 30'
Schwierigkeitsgrad: ●●
Geschmacksrichtung: ●●●
Kalorien (pro Portion): 743
Proteine (pro Portion): 35
Lipide (pro Portion): 40
Nährwert: ●●●

Das gerupfte, ausgenommene und abgeflammte Huhn waschen, trockentupfen und in etwa zwölf Portionsstücke zerlegen. Das Gemüse zurichten, d.h. die Ziebeln häuten, die Tomaten vierteln und die Paprikaschote in Streifen schneiden. Den Boden des Römertopfes mit Schinken auslegen und die Huhnportionen darauf legen. Darüber und rund herum das Gemüse verteilen, mit Salz und Pfeffer würzen und die zerdrückten Knoblauchzehen zufügen. Einen Teelöffel Senf eineinhalb Glas Wein auflösen und über das Huhn und Gemüse gießen.
Den Deckel aufsetzen, den Römertopf in den Backofen schieben und das Fleisch bei 180 °C eineinviertel Stunde garen lassen. Dann den Römertopf herausnehmen, ein Gläschen Schnaps (oder Brandy) und ein kleines Glas Tawny-Portwein über das Gericht träufeln und ohne Deckel noch eine weitere Viertelstunde in den Backofen geben. Das Huhn vor dem Servieren mit gehackter Petersilie bestreuen.

ISCAS COM ELAS

Leberschnitzel mit Kartoffeln ☛ *Estremadura*

1

2

700 g Schweineleber
4 Knoblauchzehen
Lorbeerblatt und Petersilie
Trockener Weißwein
Roter Weinessig
Petersilienkartoffeln
(als Beilage)
Salz und Pfefferkörner
30 g Schmalz

Portionen:	**4**
Vorbereitungszeit:	**10′+2h**
Kochzeit:	**10′**
Schwierigkeitsgrad:	**●**
Geschmacksrichtung:	**●●●**
Kalorien (pro Portion):	**487**
Proteine (pro Portion):	**41**
Lipide (pro Portion):	**15**
Nährwert:	**●●●**

1 Die Leber waschen und in dünne viereckige Scheiben schneiden. Aus einem Glas Wein, einem Guss Essig, dem abgezogenen und blättrig geschnittenen Knoblauch, einem Lorbeerblatt und 3-4 Pfefferkörnern eine Marinade bereiten und die Leber darin einlegen.

2 Nach etwa 2 Stunden die Leberscheiben herausnehmen, abtropfen lassen und in ausgelassenem Schmalz 1 Min. von jeder Seite anbraten. Dann mit der Marinadenflüssigkeit löschen, die Flamme herunterschalten, mit Salz abschmecken und garkochen (max. 5-6 Min.). Vor dem Auftragen die Leberscheiben mit Petersilie bestreuen und Petersilienkartoffeln dazu reichen.

Carne em vinha-d'alhos com milho frito

Schweinegulasch mit gebackener "Polenta" ☛ *Madeira*

700 g mageres Schweinefleisch
1 Zwiebel
2 Knoblauchzehen
Koriandersamen
Paprikapulver (s. Hinweis)
Trockener Weißwein
Salz und Pfeffer
Olivenöl

Für den milho*:*
500 g Maismehl
10 g Schmalz
Salz

Portionen: 4
Vorbereitungszeit: 20'+5h
Kochzeit: 1h 30'
Schwierigkeitsgrad: ●●●
Geschmacksrichtung: ●●●
Kalorien (pro Portion): 1040
Proteine (pro Portion): 46
Lipide (pro Portion): 50
Nährwert: ●●●

1 Das Fleisch in kleine Würfel schneiden. Aus den zerdrückten Knoblauchzehen, etwa zehn im Mörser zerstoßenen Koriandersamen, zwei Glas Wein, einer Prise Salz und Paprikapulver in einer Terrine eine Marinade bereiten. Das Fleisch 4-5 Stunden darin ziehen lassen. Das Fleisch ab und zu wenden.

1

2 Das Maismehl in eine Schüssel geben und mit kaltem Wasser verrühren. Eineinhalb Liter Wasser in einen Topf geben (möglichst einen Kupferkochtopf), die Herdstelle einschalten, das Schmalz auslassen und eine Prise Salz zufügen. Sobald das Wasser kocht, das Maismehl einsieben und auf starker Flamme aufkochen lassen. Dabei ständig mit einem Holzkochlöffel umrühren, auch wenn der Maisbrei schon dick geworden ist (gegebenenfalls etwas Wasser nachgießen, damit der *milho* nicht austrocknet oder sogar ansetzt). Nach etwa einer Dreiviertelstunde den fertigen *milho* (in Oberitalien heißt dieser Brei "Polenta") auf eine Platte (möglichst aus Marmor) stürzen und flach drücken, damit er abkühlt. Die "Polenta" sollte knapp 2 cm hoch sein.

2

3 Das Schweinefleisch aus der Terrine heben und gut abtropfen lassen. Die Marinadenflüssigkeit aufheben. Das Fleisch mit zwei Esslöffel Öl in einer breiten Kasserolle rundum knusprig anbraten, dann herausnehmen und beiseite stellen.

4 Zu dem verbliebenen Öl zwei weitere Löffel Olivenöl zugeben und darin die in Streifen geschnittene Zwiebel glasig dünsten; sobald sie Farbe annimmt, einen Teelöffel Paprikapulver zufügen und durchziehen lassen, dann das Schweinefleisch wieder in die Kasserolle geben.

5 Die Marinadenflüssigkeit hinzugießen, aufkochen lassen, eventuell nachsalzen, den Deckel aufsetzen und ca. zwanzig Minuten köcheln lassen; dann den Deckel abnehmen und die Sauce eindicken lassen. Das Fleisch, das inzwischen gar ist, bis zum Augenblick des Servierens warm stellen.

6 Den *milho* in 5 cm lange Stäbchen schneiden und mit 3-4 Esslöffel Öl in der Pfanne goldgelb ausbacken. Die fertigen Polentastäbchen auf Küchenkrepp abtropfen lassen und mit etwas Salz bestreuen. Auf einer Platte anrichten und zusammen mit dem Schweinefleisch servieren.

3

4

5

6

COZIDO À PORTUGUESA

Suppenfleisch-Allerlei mit Gemüse ☛ *Trás-os-Montes*

500 g Risotto-Reis
1/2 Suppenhuhn, ca. 750 g (küchenfertig)
500 g Schweinerippchen
1/2 Schweinskopf (mit Öhrchen und Rüssel)
1 *chouriço*, 1 *chouriço de sangue* und 1 *salpicão* (s. Hinweis)
2 Rinds- oder Kalbsfüße möglichst mit Knochenmark (s. nebenstehend)
1 Zwiebel
2 Knoblauchzehen
1 Weißkohl
3-4 Rüben
5-6 Kartoffeln
5 Karotten
8 *rabas* (s. nebenstehend)
Salz und Pfeffer
Olivenöl

Portionen: 8-10
Vorbereitungszeit: 30'
Kochzeit: 3h 30'
Schwierigkeitsgrad: ●●●
Geschmacksrichtung: ●●
Kalorien (pro Portion): 1178
Proteine (pro Portion): 67
Lipide (pro Portion): 55
Nährwert: ●●●

Die mit einem Zahnstocher durchlöcherte *chouriço* und *chouriço de sangue* mit 1,5 l kaltem Wasser aufsetzen, garkochen und abgießen. Das Wurstwasser in einen zweiten Topf umfüllen, ca. 1,5 l kaltes Wasser und eine Prise Salz zufügen. Die gut gewaschenen Knochen hineingeben, aufkochen lassen und bei geschlossenem Topf sacht kochen lassen. Nach ca. einer Stunde die Schweinerippchen, das Suppenhuhn, den Schweinskopf und den *salpicão* hinzufügen. Sobald die einzelnen Fleischteile gar sind, herausnehmen, mit etwas Brühe übergießen und warm stellen. In der übrigen Brühe das geputzte und gewaschene Gemüse (außer Knoblauch und Zwiebel) abkochen, herausheben und warm stellen. Die Brühe ebenfalls warm stellen. Die gehackte Zwiebel und die zerdrückte Knoblauchzehe in 3-4 Esslöffel Öl in einer feuerfesten Kasserolle glasig dünsten und herausnehmen. Den Backofen auf 100 °C vorheizen. Den Reis in das Öl einstreuen und auf starker Flamme kräftig anrösten. Die Fleisch- und Gemüsebrühe zugießen (eventuell noch Wasser zufügen, sodass der Reis gut bedeckt ist). Mit Salz und Pfeffer würzen und aufkochen lassen. Dann die Kasserolle in den Backofen schieben und den Reis quellen lassen. Zum Schluss das Fleisch in der vorher zurückgelassenen Brühe aufwärmen, in Stücke schneiden und mit dem Gemüse auf einer Platte anrichten. Mit den in Scheiben geschnittenen Karotten und den Wurstsorten den Reis garnieren.

Wir weisen darauf hin, dass das Knochenmark von erwachsenen Rindern im Unterschied zum Rückenmark keinerlei Risiko birgt. Da Rindsfüße (einschließlich Beinscheiben) wegen der Bedenken seitens der verängstigten Kunden zur Zeit nicht ohne weiteres erhältlich sind, kann man auch Knieknochen nehmen, die der Brühe die erforderliche gelatineartige Konsistenz verleiht, oder aber Schweinsfüße. Rabas sind Rüben, die in der Region Trás-os-Montes angebaut werden. Sie gleichen in der Form den Karotten, sind aber dicker und haben eine gelblich-weiße Farbe. Man kann sie durch Sellerieknollen, **mooli (daikon)** ***oder*** **rutabaga** ***ersetzen.***

Lombo de Porco com Amêijoas

Schweinelende mit Venusmuscheln ☛ *Alentejo*

Das Gemüse putzen und waschen. 2 zerdrückte Knoblauchzehen, 1 Lorbeeblatt, 1 Zweiglein Thymian, 2 Glas Wein, einen Teelöffel Paprikapulver, eine Prise Salz und Pfeffer in eine Terrine geben und das gewürfelte Fleisch zugedeckt 6 Stunden darin marinieren. Dann das Fleisch herausheben, abtropfen lassen (die Marinade aufheben) und mit zwei Esslöffel Öl kurz in der Pfanne anbraten und herausnehmen. In dem verbliebenen Öl die gehackte Zwiebel mit einer Koblauchzehe, den Karottenscheibchen, den Paprikastreifen und dem entkernten *piri-piri* andünsten. Nach 7-8 Minuten das Schweinefleisch wieder hineingeben und die Marinade darübergießen. Sobald es kocht, nachsalzen, den Deckel aufsetzen und ca. 20 Minuten köcheln lassen. Die gehackte halbe Zwiebel mit den übrigen Knoblauchzehen in 2-3 Esslöffel Öl in einer anderen Kasserolle anrösten, die Tomatenstücke zufügen und 10 Minuten garziehen. Die Venusmuscheln zufügen und bei geschlossenem Topf aufgehen lassen. Das Schweinefleisch und das Gemüse auf einer Platte anrichten und die abgetropften Muscheln drum herum legen. Die Muschelbrühe mit der Fleischbrühe mischen und aufkochen lassen. Die Sauce vom Feuer nehmen und über das Gericht gießen. Mit Korianderblättchen und Zitronenscheibchen garnieren.

700 g ausgebeinte Schweinelende
500 g Venusmuscheln (küchenfertig)
1 1/2 Zwiebeln
5 Knoblauchzehen
1 Karotte
1 Paprikaschote
4 reife Tomaten
Lorbeer, Korianderblättchen, Thymian
1 *piri-piri* (s. Hinweis)
Paprikapulver (s. Hinweis)
1 Zitrone (zum Garnieren)
Trockener Weißwein
Salz und Pfeffer
Olivenöl

Portionen: 4
Vorbereitungszeit: 25'+6h
Kochzeit: 1h
Schwierigkeitsgrad: ●●
Geschmacksrichtung: ●●●
Kalorien (pro Portion): 473
Proteine (pro Portion): 40
Lipide (pro Portion): 22
Nährwert: ●●

ROJÕES COM BELOURAS

Schweinegulasch mit Kroketten ☛ *Minho*

600 g ausgebeinte Schweinelende
150 g Schweineleber
12 (kleine) Kartoffeln
2 Knoblauchzehen
Lorbeerblatt
Kümmel
1 Bündchen Rübensprossen (zum Anrichten)
1 Zitrone (zum Anrichten)
Weißwein "Vinho verde"
Schwarze und grüne Oliven (als Beilage)
Salz und Pfeffer
Schmalz
Olivenöl

Für die belouras*:*
125 g Weizenmehl
250 g Maismehl
125 g Roggenmehl
20 g Bierhefe
60 g Schweineleber
1 Knoblauchzehe
Lorbeer
1 Sträußchen Petersilie
Kümmel
1 Stück Orangenschale
Zucker
Salz und Pfeffer
Schmalz

Portionen: 6
Vorbereitungszeit: 35'+2h
Kochzeit: 1h 30'
Schwierigkeitsgrad: ●●●
Geschmacksrichtung: ●●
Kalorien (pro Portion): 1141
Proteine (pro Portion): 42
Lipide (pro Portion): 44
Nährwert: ●●●

Als erstes werden die *belouras* zubereitet. Die Leber mit einer Prise Zucker und einem Teelöffel Schmalz im Mörser zerstoßen (oder im Mixer pürieren). Die drei Mehlsorten in eine Schüssel sieben und mit dem zerlassenen Schmalz, der in etwas lauwarmem Wasser aufgelösten Hefe, der Leber, einer Prise Salz und Pfeffer, einem halben Teelöffel zerstoßenem Kümmel und ein wenig Wasser zu einem glatten Teig verarbeiten. Eine Kugel formen und zwei Stunden gehen lassen. Die Kartoffeln kochen, abgießen und warm pellen. Die Rübensprossen waschen und in Salzwasser abkochen. Beides beiseite stellen. Den Teig noch einmal durchkneten und Röllchen daraus formen (8 cm lang, 2 cm Durchmesser), am besten mit angefeuchteten Händen. 1,5 l Wasser mit einer Prise Salz, der Petersilie, dem Knoblauch, einem Lorbeerblatt und der Orangenschale aufkochen, 3-4 Minuten ziehen lasen, die Kroketten hineingeben und, sobald sie wieder an die Oberfläche kommen, abschöpfen. Auf Küchenkrepp abtropfen lassen und beiseite stellen. Die Schweinelende in Würfel schneiden und mit einem Glas Wein, 4-5 Esslöffel Öl, dem zerdrückten Knoblauch, einem Teelöffel Kümmel und einer Prise Salz in eine Kasserolle geben und aufkochen lassen, dann die Flamme herunterdrehen und solange köcheln lassen, bis der Wein verdunstet ist. Die Fleischwürfel herausnehmen, abtropfen lassen und beiseite stellen. In dem verbliebenen Fett ein wenig Schmalz auslassen und die in Streifen geschnittene Schweineleber darin braten, dann die Kartoffeln und zuletzt die in Scheiben geschnittenen *belouras* hineingeben. Das Schweinegulasch mit den Leberstreifen, die Kartoffeln, die grünen und schwarzen Oliven, die Rübensprossen und die *belouras*-Scheiben auf einer Platte anrichten und mit Zitronenspalten garniert servieren.

Auch dieses Rezept haben wir leicht abgewandelt. Zum Beispiel wurde bei den belouras das traditionell vorgeschriebene Schweineblut weggelassen und durch Leber ersetzt.

GEMÜSE UND HÜLSENFRÜCHTE

Nach Kabeljau folgen auf der Rangliste der portugiesischen Nationalgerichte unmittelbar Bohnen, ob dicke Bohnen oder grüne Bohnen oder die beliebten weißen Bohnen, und entsprechend werden sie gewürdigt. Aber die Auswahl an Gemüse ist vielseitig und reicht von Kürbis und Auberginen zu Kartoffeln, Erbsen und Tomaten. Meist handelt es sich um gehaltvolle Beilagen, mit einem Hinweis auf das Hauptgericht, zu dem sie passen. Manche Rezepte erinnern stark an vegetarische Tellergerichte, bei denen die grüne Komponente vorherrscht.

5

ABÓBORA E BERINGELAS FRITAS

Gebackener Kürbis und Auberginen ☛ *Beira Baixa*

1 Stück gelber Kürbis, 400 g
2 Auberginen
1 Ei
50 g Mehl
Petersilie (zum Garnieren)
1 Zitrone (zum Garnieren)
Grobes und feines Salz
Frittieröl

Portionen: 4-6
Vorbereitungszeit: 20'+4h
Kochzeit: 20'
Schwierigkeitsgrad: ●●
Geschmacksrichtung: ●●
Kcal (pro Portion): 335
Proteine (pro Portion): 6
Lipide (pro Portion): 27
Nährwert: ●●●

Den Kürbis schälen, in dicke Scheiben schneiden und 3-4 Stunden in schwach gesalzenes Wasser tauchen. Herausheben, abtropfen lassen, trockentupfen und in dünne Scheiben schneiden. In der Zwischenzeit die Auberginen schälen, in dicke Scheiben schneiden, mit grobem Salz bestreuen und auf einer Platte aufschichten, zudecken und mit einem Gewicht beschweren, damit der bittere Gemüsesaft austreten kann. Dann kräftig abbrausen, trockentupfen und in dünne Scheibchen schneiden.
Mit dem verquirlten Ei, dem Mehl und ein wenig Wasser einen nicht zu dicken Backteig bereiten. Die Kürbis- und Auberginenscheiben durch den Teig ziehen und in reichlich heißem Öl goldgelb ausbacken. Herausheben und auf Küchenkrepp abtropfen lassen. Mit feinem Salz bestreuen, mit Petersilie und Zitronenspalten garnieren und als Beilage zu Kabeljau oder Bratenfleisch servieren.

BATATAS DE CAÇOILA

Schmorkartoffeln ☛ *Beira Alta*

6 (mittelgroße) weiße Kartoffeln
4 reife Tomaten
1 Zwiebel
Salz und Pfeffer
Olivenöl

Portionen:	4
Vorbereitungszeit:	15′
Kochzeit:	35′
Schwierigkeitsgrad:	●●
Geschmacksrichtung:	●●
Kcal (pro Portion):	310
Proteine (pro Portion):	7
Lipide (pro Portion):	11
Nährwert:	●●●

Die Kartoffeln waschen und 15 Minuten in Wasser kochen, abgießen, warm pellen und beiseite stellen. Die Zwiebel grob hacken und mit 4-5 Esslöffel Öl in der Kasserole glasig dünsten. Die gewaschenen, entkernten und grob gehackten Tomaten hinzufügen und etwa zehn Minuten köcheln lassen. Die Kartoffeln in gleichmäßige Würfel schneiden und ebenfalls in den Topf geben. Mit Salz und Pfeffer würzen und alles sacht schmoren lassen, bis die Kartoffeln anfangen zu zerfallen. Den Topf vom Feuer nehmen und die herzhafte Beilage zu Grillgerichten reichen.

800 g (kleine) Kartoffeln
3-4 Knoblauchzehen
1 Lorbeerblatt
Paprikapulver
Salz und Pfeffer
Olivenöl

Portionen:	6
Vorbereitungszeit:	15′
Kochzeit:	30′
Schwierigkeitsgrad:	●●
Geschmacksrichtung:	●●●
Kalorien (pro Portion):	311
Proteine (pro Portion):	7
Lipide (pro Portion):	11
Nährwert:	●●●

BATATAS DE REBOLÃO

Röstkartoffeln ☛ *Ribatejo*

Die Kartoffeln waschen und 15 Minuten in Wasser kochen, abgießen und warm pellen. 6-7 Esslöffel Öl in eine Kasserole geben und den abgezogenen und gehackten Knoblauch zusammen mit einem Esslöffel Paprikapulver, dem Lorbeerblatt und einer Prise Salz und Pfeffer darin andünsten. Die ganzen Kartoffeln unter ständigem Wenden in dem gewürzten Öl rösten. Wenn sie goldbraun sind, herausnehmen, abtropfen lassen und als Beilage zu Fisch oder Bratenfleisch reichen.

CHICHARROS

Essigbohnen ☛ *Trás-os-Montes*

Die Bohnen 4-5 Stunden einweichen, in einen Topf geben, reichlich mit ungesalzenem Wasser bedecken, den Deckel aufsetzen und langsam zum Kochen bringen. Dann die Flamme herunterschalten und 40 Minuten sacht köcheln lassen. Eine Prise Salz hinzugeben, die Herdstelle ausschalten, den Topf noch einige Augenblicke stehen lassen und dann vom Feuer nehmen. Die Bohnen abgießen und warm stellen. Das Kochwasser aufheben. Die Rübensprossen putzen und waschen. Den Weißkohl in feine Streifen schneiden und beides kurz in dem Bohnenwasser abkochen. Die Bohnen wieder hineingeben, umrühren und die Herdstelle ausschalten. Die Bohnen mit dem Gemüse abgießen, auf einer Platte anrichten und mit einem Dressing aus Öl und Essig beträufeln. Eine hervorragende Beilage zu Fleisch- und Kabeljaugerichten.

300 g getrocknete Augenbohnen
1/2 Weißkohl
1 Bündchen Rübensprossen
Roter Weinessig
Salz
Olivenöl

Portionen: 4-6
Vorbereitungszeit: 10'+5h
Kochzeit: 1h
Schwierigkeitsgrad: ●●
Geschmacksrichtung: ●●
Kalorien (pro Portion): 306
Proteine (pro Portion): 15
Lipide (pro Portion): 11
Nährwert: ●●

ERVILHAS À MODA DO ALGARVE

Erbsen mit Eiern ☛ *Algarve*

500 g frische Erbsen
1 Zwiebel
4 Eier
1 Sträußchen Koriander
Petersilie
Zucker
Salz und Pfeffer
Olivenöl

Portionen: 4
Vorbereitungszeit: 10′
Kochzeit: 30′
Schwierigkeitsgrad: ●●●
Geschmacksrichtung: ●●
Kalorien (pro Portion): 386
Proteine (pro Portion): 20
Lipide (pro Portion): 20
Nährwert: ●●●

Die Erbsen mit der klein geschnittenen Zwiebel, dem Koriandersträußchen, ein paar Petersilienzweiglein und 5 Esslöffel Öl in eine Kasserole geben. Unter Umrühren alles 5-6 Minuten durchziehen lassen. Die Erbsen reichlich mit Wasser bedecken, salzen und pfeffern, den Deckel aufsetzen und zum Kochen bringen. Eine Prise Zucker zufügen, die Flamme auf kleinste Stufe stellen und die Erbsen 25 Minuten sacht dünsten. 3-4 Minuten vor Ende der Garzeit die Eier in dem kochenden Erbsenwasser pochieren (eventuell zwei Esslöffel zu Hilfe nehmen, um das Eiweiß zusammenzuhalten). Den Topf vom Feuer nehmen, die Erbsen abgießen (das Koriandersträußchen herausnehmen) und mit den pochierten Eiern servieren. Jedem Tischgast einen Salz- und Pfefferstreuer hinstellen. Die kräftige Beilage passt zu Fisch, ist aber auch ein gehaltvolles Hauptgericht für Vegetarier, das man eventuell durch Käse anreichern kann.

Favas à algarvia

Dicke Bohnen mit Wurst ☛ *Algarve*

400 g frische dicke Bohnen
100 g *morcela* (s. Hinweis)
80 g fetter Speck (am Stück)
1 Zweiglein Minze
1 Zweiglein Petersilie
Salz

Portionen: 4
Vorbereitungszeit: 10′
Kochzeit: 40′
Schwierigkeitsgrad: ●●
Geschmacksrichtung: ●●
Kalorien (pro Portion): 315
Proteine (pro Portion): 13
Lipide (pro Portion): 26
Nährwert: ●●●

Die dicken Bohnen in schwach gesalzenem Wasser im geschlossenen Topf und unter Zugabe von Minze und Petersilie abkochen. Nach einer halben Stunde die noch kernigen Bohnen abgießen. In der Zwischenzeit die *morcela* in Scheiben und den Speck in Würfel schneiden und in eine Kasserole geben, einen Guss Wasser zufügen und bei offenem Topf ca. zehn Minuten sacht köcheln lassen. Die Bohnen in eine Schüssel geben, das Wurstfett darüber gießen und umrühren. Die Bohnen mit den Wurstscheiben und Speckwürfeln garnieren. Diese gehaltvolle Beilage eignet sich für Fischgerichte oder helles Fleisch. Mit grünem Salat ergibt sie ein köstliches Hauptgericht.

ESPARREGADO DE FEIJÃO VERDE

Grüne Bohnen in Knoblauchöl ☛ *Beira Alta*

Die Bohnen putzen, waschen und 20 Minuten in schwach gesalzenem Wasser abkochen, abgießen und in gleichmäßige, 3-4 cm lange Stücke schneiden. Den Knoblauch in 5-6 Esslöffel Öl goldgelb andünsten, herausnehmen und die Bohnen ins Öl geben. Die Bohnen mit Mehl bestäuben, mit Salz abschmecken und auf starker Flamme unter Umrühren durchziehen lassen.
Einen Guss Essig darüber träufeln und unter Umrühren verdunsten lassen. Die Bohnen mit Petersilie garnieren und zu Fleischgerichten servieren.

500 g grüne Bohnen
1 Knoblauchzehe
15 g Mehl
Roter Weinessig
Petersilie (zum Garnieren)
Salz
Olivenöl

Portionen: 4
Vorbereitungszeit: 15′
Kochzeit: 30′
Schwierigkeitsgrad: ●●
Geschmacksrichtung: ●●●
Kalorien (pro Portion): 126
Proteine (pro Portion): 3
Lipide (pro Portion): 10
Nährwert: ●●

Feijoada à Portuguesa

Weiße Bohnen mit Wurst ☛ *Estremadura*

Die Bohnen 4-5 Stunden vorher einweichen. Die Zwiebel häuten und den Knoblauch abziehen. Die Tomaten aufschneiden und die Kerne entfernen. Die Bohnen abgießen, in einen Topf geben und reichlich mit kaltem Wasser bedecken. Einen Esslöffel Olivenöl, eine Prise Salz und eine mit der Gewürznelke gespickte halbe Zwiebel hineingeben. Den Topf zudecken, langsam zum Kochen bringen, die Flamme auf die kleinste Stufe stellen und ca. 30 Minuten köcheln lassen. Die gar gekochten Bohnen abgießen, das Wasser auffangen und die Bohnen warm stellen. Den *chouriço de sangue* und die *farinheira* mit einem Zahnstocher rundum einstechen und in dem Bohnenwasser kochen. Sollte die Bohnenbrühe zu dickflüssig sein, noch etwas warmes Wasser zugießen. In der Zwischenzeit die andere halbe Zwiebel hacken und mit 3-4 Esslöffel Öl anrösten. Die zerkleinerten Tomaten kurz darin ziehen lassen. Die Speckwürfel und den *chouriço de carne*, das Lorbeerblatt und die Petersilie dazufügen, dann einen oder zwei Schöpflöffel von dem Kochwasser darüber gießen. Zum Kochen bringen, die Bohnen hinheingeben und mit Salz und Pfeffer abschmecken. Alles eine Viertelstunde durchziehen lassen, bis die Flüssigkeit verdunstet ist. Die Bohnen mit den Wurstscheiben garnieren. Eine gehaltvolle Beilage für 6 Personen, die ebensogut als Hauptgericht für 4 Personen serviert werden kann.

350 g getrocknete weiße Bohnen
50 g fetter Speck (am Stück)
100 g *chouriço de carne* (s. Hinweis)
60 g *chouriço de sangue* (s. Hinweis)
100 g *farinheira* (s. Hinweis)
2 reife Tomaten, 1 Zwiebel
1 Gewürznelke
2 Knoblauchzehen
1 Lorbeerblatt
1 Strauß Petersilie
Salz und Pfeffer, Olivenöl

Portionen: 6
Vorbereitungszeit: 20'+5h
Kochzeit: 1h 15'
Schwierigkeitsgrad: ●●
Geschmacksrichtung: ●●●
Kalorien (pro Portion): 905
Proteine (pro Portion): 55
Lipide (pro Portion): 52
Nährwert: ●●●

FEIJÃO VERDE À ALENTEJANA

Geschmorte grüne Bohnen ☛ *Alentejo*

1 Die Bohnen putzen (eventuell die Fäden abziehen) und die Kartoffeln schälen. Knoblauch und Ziebel fein hacken und mit 2-3 Esslöffel Öl und dem Schmalz in einer Kasserole andünsten.

2 Das Gewürzsträußchen, die Tomaten und einen Guss warmes Wasser hinzufügen. Alles langsam durchziehen lassen, dabei die Tomaten mit dem Kochlöffel zerdrücken.

3 Die in feine Scheibchen geschnittene Karotte zugeben und einige Minuten sacht kochen lassen. Dann die schräg halbierten Bohnen und die Kartoffelwürfel mit ein wenig warmem Wasser hineingeben, mit Salz und Pfeffer würzen und langsam weiter köcheln lassen. Eventuell noch Wasser nachgießen, das beim Garen absorbiert wird. Das Gemüse kernig kochen.

4 In der Zwischenzeit das Brot in dünne Scheiben schneiden und eine breite Terrine damit auslegen. Das Gewürzsträußchen herausnehmen, das Gemüse auf den Brotscheiben verteilen und vor dem Auftragen ein wenig einziehen lassen. Eine hervorragende Beilage zu ländlichen Wurstmahlzeiten oder dunklem Fleisch, aber auch ein nahrhafter Gemüseeintopf, zu dem ein guter Käse schmeckt.

Eine Ansicht von Évora, einer der faszinierendsten Städte Portugals.

- 700 g grüne Bohnen
- 4 reife Tomaten
- 3 Kartoffeln
- 1 Karotte
- 1 Zwiebel
- 1 Knoblauchzehe
- 200 g hausbackenes Brot vom Vortag
- 10 g Schmalz
- 1 Gewürzsträußchen (Lorbeer und Petersilie)
- Salz und Pfeffer
- Olivenöl

Portionen: 6-8
Vorbereitungszeit: 20′
Kochzeit: 30′
Schwierigkeitsgrad: ●●
Geschmacksrichtung: ●●
Kalorien (pro Portion): 406
Proteine (pro Portion): 11
Lipide (pro Portion): 13
Nährwert: ●●●

3

4

Tomatada com batatas

Schmortomaten mit Kartoffeln ☛ *Alto Douro*

8 reife Tomaten
5 (mittelgroße) Kartoffeln
1 Paprikaschote
1 Zwiebel
Salz
Jamaika-Piment (s. S. 61)
Olivenöl

Portionen: 6
Vorbereitungszeit: 20'
Kochzeit: 40'
Schwierigkeitsgrad: ●●
Geschmacksrichtung: ●●●
Kalorien (pro Portion): 297
Proteine (pro Portion): 7
Lipide (pro Portion): 11
Nährwert: ●●

1 Das Gemüse putzen. Die fein gehackte Zwiebel mit 4-5 Esslöffel Öl in der Kasserole anrösten. Die quer in Scheiben geschnittene Paprikaschote hineingeben und sacht gardünsten.

2 Die zerkleinerten Tomaten hinzufügen, langsam durchziehen lassen und während des Garens mit dem Kochlöffel zerdrücken. Mit Salz und Pfeffer abschmecken und 7-8 Körner Jamaika-Piment hineingeben. Die Tomatensauce bei offenem Topf sacht köcheln und eindicken lassen. In der Zwischenzeit die Kartoffeln in Salzwasser kochen, abgießen und warm pellen. Die *tomatada* mit den Kartoffelscheiben servieren. Diese Beilage passt gut zu Blaufisch, Kabeljau oder hellem Fleisch.

1

2

GEBÄCK UND DESSERTS

Dulcis in fundo, *kann man hier nur sagen. In der außerordentlichen Vielfalt der lusitanischen Konditor-Spezialitäten liegt der ganze Reichtum der jahrhundertealten Zivilisation dieses außergewöhnlichen und verschwenderischen Landes, dessen Eigenart hauptsächlich in der Gastronomie und insbesondere in der Konditorkunst zum Ausdruck kommt. Eine Augenweide und ein wahrer Hochgenuss sind diese Meisterwerke der Liebe und Geduld, wie* fios-de-ovos, charcada *und andere Kostbarkeiten. Fast kann man sie sich noch vorstellen, die flinken weißen Hände der Nonnen, wenn sie in den Klöstern zu ihren Festtagen so manch köstliches Gebäck herstellten. Eine Tradition, die viele südliche Länder, einschließlich Sizilien, gemeinsam haben und die sich glücklicherweise auch heute im Rahmen der Volksfeste fortsetzt. So dürfen wir weiter schwelgen mit* broinhas de Natal, folar da Páscoa, *der berühmten* tigelada *und dem unübertrefflichen* toucinho do céu.

6

ALETRIA COM OVOS

Süße Fadennudeln ☛ *Douro*

150 g dünne Spaghetti
180 g Zucker
4 Eidotter
1/2 l Milch
Abgeriebene Zitronenschale
Zimtpulver
40 g Butter

Portionen: 4
Vorbereitungszeit: 10′
Kochzeit: 20′
Schwierigkeitsgrad: ●●
Kalorien (pro Portion): 574
Proteine (pro Portion): 19
Lipide (pro Portion): 22
Nährwert: ●●●

1 Die Fadennudeln 3 Minuten in ungesalzenem Wasser abkochen und abgießen. Die Milch in einen Topf geben, den Zucker und die abgeriebene Zitronenschale zufügen, aufkochen lassen und die Fadennudeln darin bissfest kochen.

2 Die Butter zufügen, den Topf von der Herdstelle nehmen und vorsichtigig umrühren. Die verquirlten Eidotter einrühren und den Topf noch einmal kurz aufsetzen, bis die Eier gestockt sind. Die Fadennudeln auf einer Platte anrichten und mit Motiven aus Zimtpulver garnieren.

1

2

ARROZ DOCE

Milchreis ☛ *Minho*

250 g Reis für Süßspeisen
3/4 l Milch
220 g Puderzucker
3 Eidotter
Abgeriebene Zitronenschale
Salz
Zimtpulver

Portionen: 4
Vorbereitungszeit: 15'
Kochzeit: 25'
Schwierigkeitsgrad: ●●
Kalorien (pro Portion): 612
Proteine (pro Portion): 18
Lipide (pro Portion): 13
Nährwert: ●●●

Die Milch in einen Topf gießen, den Zucker einstreuen und langsam zum Kochen bringen. Den Reis mit der abgeriebenen Zitronenschale hinzufügen, leicht umrühren und auf kleiner Flamme langsam zum Kochen bringen. Den Topf vom Feuer nehmen und die mit einer Prise Salz verquirlten Eidotter unter den Reis rühren. Noch einmal umrühren und den Topf wieder aufsetzen und durchziehen lassen. Den Milchreis auf einer Platte anrichten, mit Zimt bestreuen und auftragen.

Broinhas de Natal

Weihnachtsbrötchen ☛ *Beira Litoral*

800 g gelber Kürbis
500 g Mehl
150 g Maismehl
150 g Zucker
80 g Sultaninen
80 g Walnüsse
50 g Pinienkerne
Zimtpulver
Anis (Samen)
20 g Bierhefe
Salz
30 g Butter

Portionen: 8-10
Vorbereitungszeit: 35'+3h
Kochzeit: 35'
Schwierigkeitsgrad: ●●
Kalorien (pro Portion): 524
Proteine (pro Portion): 12
Lipide (pro Portion): 12
Nährwert: ●●●

1 Die Sultaninen in lauwarmem Wasser einweichen. Den Kürbis schälen, in kochendem Salzwasser 10 Minuten brühen, abgießen (das Wasser aufheben) und in Stücke schneiden (Samen und Fasern entfernen). Auf niedriger Stufe im Mixer pürieren. Die beiden Mehlsorten in eine breite Schüssel sieben und den Kürbisbrei zufügen.

2 Die Hefe in etwas lauwarmem Wasser auflösen und unter den Teig mischen. Mit dem Rührgerät den Teig kneten und soviel Kürbiswasser zugießen, wie für einen geschmeidigen, glatten Teig benötigt wird.

3 Den Zucker und je eine Prise Anissamen und Zimtpulver unter den Teig mischen und weiterkneten, bis die kompakte Masse anfängt, Blasen zu werfen. Mit einem Tuch bedecken und 3 Stunden gehen lassen.

4 Die ausgedrückten Rosinen, die Pinienkerne und die fein gehackten Walnüsse unter den Teig kneten. Kleine Kugeln zu runden Brötchen formen (Durchmesser ca. 8 cm, Höhe ca. 2 cm) und auf ein gebuttertes Backblech setzen. Die Brötchen bei 220 °C 20-25 Minuten im Backofen backen, bis sie innen gar und außen goldbraun sind.

1

3

2

4

Bolo-Podre

Honigkuchen ☛ *Alentejo*

1

2

6 Eier
350 g Mehl
350 g Honig
250 g Zucker
15 g Bierhefe
Abgeriebene Zitronenschale
Zimtpulver
Olivenöl

Portionen: 8
Vorbereitungszeit: 25'+1h
Kochzeit: 40'
Schwierigkeitsgrad: ●●
Kalorien (pro Portion): 725
Proteine (pro Portion): 12
Lipide (pro Portion): 32
Nährwert: ●●●

1 2 dl Öl in eine Schüssel gießen. Den Honig und den Zucker zufügen und mit dem Rührgerät vorsichtig zu einer luftigen und cremigen Masse verrühren. Die abgeriebene Zitronenschale und einen Teelöffel Zimt hinzugeben.

2 Die Eidotter nacheinander unter die Masse heben und jeweils ein paar Minuten ruhen lassen. In der Zwischenzeit die Eiweiße zu Schnee schlagen. Mit dem Rührstab das Mehl und die in etwas Wasser aufgelöste Hefe daruntermischen und zum Schluss vorsichtig den Eischnee unter den Teig heben. Den Teig zugedeckt eine Stunde gehen lassen und anschließend in eine geölte Springform füllen, glatt streichen und mit Ölpapier zudecken. Die Form in den auf 200 °C vorgeheizten Backofen schieben und ungefähr zwanzig Minuten backen. Dann das Papier abnehmen, den Kuchen wieder einschieben und eine weitere Viertelstunde backen, bis er goldbraun ist. Lauwarm abkühlen lassen, aus der Form nehmen und servieren.

Cavacas das Caldas da Rainha

Törtchen mit Zuckerguss ☛ *Estremadura*

1 Für dieses Rezept werden Backförmchen (8 cm Durchmesser, ca. 1 cm hoch, möglichst mit umgebogenem Rand) benötigt. Die Eier in einer Schüssel aufschlagen, das Mehl einsieben und mit dem Rührstab verarbeiten. Die weiche Butter unter die Masse kneten, sodass ein geschmeidiger glatter Teig entsteht. Zu einer Kugel formen, kurz ruhen lassen und dann die mit Öl ausgepinselten Förmchen mit dem Teig füllen und glatt streichen. Die Törtchen in den auf 200 °C vorgeheizten Backofen schieben und eine halbe Stunde backen. Herausnehmen, abkühlen lassen und stürzen.

2 Den Zucker mit einem Guss Wasser in ein Töpfchen geben und im Wasserbad unter ständigem Rühren schmelzen lassen, bis ein transparenter Sirup entsteht. Vom Herd nehmen und leicht mit dem Schneebesen schlagen, bis er matt und dichter wird. Die fertigen Törtchen nacheinander in den Guss tauchen, auf einem Backrost aufreihen und trocknen lassen.

4 Eier
200 g Mehl
250 g Zucker
30 g Butter
Olivenöl

Portionen: 4
Vorbereitungszeit: 15′
Kochzeit: 25′
Schwierigkeitsgrad: ●●
Kalorien (pro Portion): 793
Proteine (pro Portion): 15
Lipide (pro Portion): 42
Nährwert: ●●●

1

2

CHARCADA

Eierfädenkranz ☛ *Beira Litoral*

1

2

6 Eier und 3 Eidotter
500 g Zucker
Bunte Zuckerstreusel
(zur Dekoration)

Portionen: 6
Vorbereitungszeit: 15′
Kochzeit: 20′
Schwierigkeitsgrad: ●●●
Kalorien (pro Portion): 481
Proteine (pro Portion): 16
Lipide (pro Portion): 14
Nährwert: ●●●

1 Die Eier in einer Schüssel aufschlagen. die Eidotter zugeben und mit einem Esslöffel verrühren, aber nicht schaumig werden lassen. 350 g Zucker mit einem vollen Glas Wasser in einen breiten Topf geben und langsam schmelzen und aufkochen lassen. Den Sirup mit dem Schneebesen auf kleinster Flamme verrühren, bis er dickflüssig geworden ist. Die Eimasse mit kreisender Bewegung hineinträufeln lassen (s. Beschreibung für Rezept *fios-de-ovos* auf S. 118). Die Eierfäden stocken sofort.

2 Wenn die ganze Eiermasse verbraucht ist, die Eierfäden mit Sirup beträufeln, dabei mit dem Holzlöffel von der Mitte aus zum Rand hin rühren, damit er nicht ansetzt. Sobald die Eierfäden zu trocknen und braun zu werden beginnen, den Topf vom Feuer nehmen und die Eierfäden kranzförmig auf einer Glasplatte anrichten. Den restlichen Zucker mit etwas Wasser in einem Töpfchen nicht zu dickflüssig karamellisieren lassen und die *charcada* nach eigener Phantasie und zum Schluss mit bunten Zuckerstreuseln dekorieren.

Figos recheados

Gefüllte Feigen ☛ *Algarve*

1 Die Mandelkerne in ungesalzenem Wasser brühen, abgießen, die braune Haut abziehen und im Mixer fein mahlen. Das Mandelmehl in eine Terrine geben, den Zucker, den Kakao, eine Prise Zimt und die abgeriebene Zitronenschale zufügen und alle Zutaten gut vermischen.

2 Von den Feigen eventuell den Stielensatz abschneiden und die Früchte dann einzeln auseinanderziehen und der Länge nach aufschneiden. Die Feigentaschen nun mit der Farce füllen, mit einem Zahnstocher verschließen und auf ein Backblech legen. Die Feigen eine halbe Stunde bei ca. 160 °C im Backofen lassen, herausnehmen und auf einem Tablett anrichten.

Das Originalrezept schreibt vor, dass die Feigen anschließend in Seidenpapier eingewickelt werden, sodass sie wie Knoblauchzehen aussehen, die dann zu einer Knolle zusammengebunden werden.

36 getrocknete Feigen
300 g Mandelkerne
120 g Zucker
30 g Kakaopulver
Zimtpulver
Abgeriebene Zitronenschale

Portionen: 6
Vorbereitungszeit: 30′
Kochzeit: 40′
Schwierigkeitsgrad: ●
Kalorien (pro Portion): 596
Proteine (pro Portion): 16
Lipide (pro Portion): 30
Nährwert: ●●●

1

2

Fios-de-ovos

Eierfäden ☛ *Ribatejo*

2 Eier und 10 Eidotter
(plus ein Teelöffel Eigelb, siehe weiter vorn)
750 g Zucker

Portionen: 6-8	
Vorbereitungszeit: 20′	
Kochzeit: 20′	
Schwierigkeitsgrad: ●●●	
Kalorien (pro Portion): 642	
Proteine (pro Portion): 21	
Lipide (pro Portion): 19	
Nährwert: ●●●	

1 Die Eier und die Eidotter in einer Schüssel verrühren, aber nicht schaumig werden lassen, dann mehrmals durch ein engmaschiges Sieb streichen und ruhen lassen. Eine Tasse Wasser (ca. 2,5 dl) in einen breiten Topf gießen und den Zucker hinzugeben, auf schwacher Flamme erhitzen und umrühren, bis das Zuckerwasser in der Mitte anfängt zu kochen. Der Sirup muss konstant diesen Hitzegrad (ca. 100 °C) behalten und darf nicht zu dickflüssig werden (gegebenenfalls – mit der freien Hand – ein wenig kaltes Wasser nachgießen, in dem zuvor ein Teelöffel Eigelb aufgelöst wurde).

2 Mit Hilfe eines *sac-à-poche* oder Spritzbeutels (Tülle mit 3-4 eng stehenden Löchern) nun die Eimasse in den heißen Sirup fallen lassen; dabei den Spritzbeutel so hoch wie möglich halten und eine kreisende Bewegung vollführen. Dadurch bilden sich lockere Knäuel mit wollähnlichen "Fäden". Die Knäuel mit dem Schaumlöffel herausheben und auf einem umgestürzten Nudelsieb ausbreiten. Mit angefeuchteten Händen die Knäuel noch mehr lockern und in 2-3 Esslöffel von dem zuvor bereiteten und mit etwas Wasser verdünnten Sirup tauchen. Die *fios-de-ovos*, auch *ovos reais* genannt, schmecken köstlich und sind sehr dekorativ. Man benutzt sie auch für andere Desserts, wie die *charcada* (s. S. 116) oder *lampreia de ovos* (s. S. 120).

1

2

500 g Mehl
8 Eier und ein Eigelb
3 dl Milch
20 g Bierhefe
30 g Zucker
Anis und Zimtpulver
Salz
100 g Butter
Olivenöl

Portionen: 6
Vorbereitungszeit: 30'+4h
Kochzeit: 30'
Schwierigkeitsgrad: ●●
Kalorien (pro Portion): 769
Proteine (pro Portion): 25
Lipide (pro Portion): 41
Nährwert: ●●●

FOLAR DA PÁSCOA

Osterkuchen ☛ *Estremadura*

1 Ein Fünftel des Mehls (100 g) in eine Schüssel geben, die in wenig lauwarmem Wasser aufgelöste Hefe und einen gestrichenen Esslöffel Zucker hinzufügen und mit dem Rührstab vermengen. Den Teig zu einer Kugel formen, in ein sauberes Tuch wickeln und eine Stunde gehen lassen. Das restliche Mehl mit 2 Eiern, dem verbliebenen Zucker und der Milch in einer anderen breiten Schüssel verkneten, sodass ein luftiger und glatter Teig entsteht. Die weiche Butter, einen Teelöffel Anispulver und jeweils eine Prise Zimt und Salz zufügen. Den Teig gut vermischen und den aufgegangenen Vorteig unterkneten, noch einmal mit einem Tuch abdecken und 3 Stunden gehen lassen.

2 In der Zwischenzeit die restlichen Eier 5 Minuten kochen, abschrecken, aber nicht pellen. Den Teig in zwei ungleiche Hälften (2/3 und 1/3) teilen. Mit der größeren Menge eine Art dicken Fladen formen und auf ein geöltes Backblech legen. Die Eier in den Teig eindrücken, sodass sie zur Hälfte herausschauen. Aus dem restlichen Teig breite Streifen formen und den Kuchen damit belegen. Den Kuchen eine halbe Stunde bei 220 °C im Backofen backen. Ein traditioneller Osterkuchen.

1

2

Lampreia de ovos

Eier-Lamprete ☛ *Beira Litoral*

1 Die Eidotter in eine Schüssel geben und verrühren, mehrmals durch ein feines Sieb streichen und ruhen lassen. Ein volles Glas Wasser in einen breiten Topf gießen und den Zucker einstreuen, langsam zergehen lassen und umrühren, bis das Zuckerwasser in der Mitte zu kochen beginnt. Die Siruptemperatur konstant halten (eventuell im Wasserbad zubereiten).

2 Die filtrierten Eidotter löffelweise in den Sirup geben. Sie stocken sofort und bilden eine Art Masse. Mit dem Schaumlöffel diese Masse nach und nach herausnehmen und warm stellen.

3 Die Mandeln brühen, abziehen und mahlen. Das Mandelmehl unter den im Topf verbliebenen Sirup rühren. Wieder zum Kochen bringen, kurz vom Feuer nehmen und die 6 verquirlten Eier einrühren. Dann den Topf wieder aufsetzen und die Masse noch ein wenig eindicken lassen.

4 Etwa 3/4 der gestockten Eiermasse (Arbeitsschritt 2) zu einem offenen Ring formen und ein Ende dünn auslaufen lassen (der Schwanz der Lamprete!). Den "Eierfisch" auf eine runde Glasplatte legen und mit dem Eier-Mandel-Gemisch bedecken und glatt streichen. Eventuelle Klumpen entfernen und Tropfen auf der Platte wegwischen. Dann den "Fisch" mit der restlichen Eiermasse bedecken und glatt streichen. Zwei Schokoladenplättchen als Augen aufsetzen und die Oberfläche mit einem Messer schuppenartig einritzen. *fios-de-ovos* wie einen Kranz um den "Fisch" legen (s. Rezept s. 118) und die dekorative Süßspeise bei Raumtemperatur servieren.

6 Eier und 18 Eidotter
500 g Zucker
100 g abgezogene Mandeln
fios-de-ovos (s. S. 118)
die Menge von etwa 1 Ei und 5 Dottern, separat zubereiten)
Runde Schokoladenplättchen

Portionen: 8
Vorbereitungszeit: 35'
Kochzeit: 35'
Schwierigkeitsgrad: ●●●
Kalorien (pro Portion): 2117
Proteine (pro Portion): 157
Lipide (pro Portion): 119
Nährwert: ●●●

1
2
3
4

PÃO-DE-LÓ DE AMÊNDOAS

Mandeltorte ☛ *Alentejo*

7 Eier
250 g geschälte Mandelkerne
250 g Zucker
80 g Mehl (plus etwas Mehl zum Bestäuben der Backform)
Zuckerguss (s. Rezept) und Schlagsahne (zum Garnieren)
Orangeat (zum Garnieren)
20 g Butter

Portionen: 6
Vorbereitungszeit: 20′
Kochzeit: 1h 10′
Schwierigkeitsgrad: ●●
Kalorien (pro Portion): 977
Proteine (pro Portion): 26
Lipide (pro Portion): 57
Nährwert: ●●●

1

2

1 Die Mandeln in kochendem Wasser brühen, abziehen, abtrocknen und fein mahlen. Das Mandelmehl in eine Schüssel geben und mit dem Mehl mischen.

2 Die Eidotter in eine zweite Schüssel geben und mit dem Zucker schaumig rühren.

3 Die Eiweiße mit einer Prise Salz separat zu Schnee schlagen und vorsichtig unter die Eigelbmasse und die Mandel/Mehlmischung heben.

4 Den Teig in eine gebutterte Springform füllen und in den auf 200 °C vorgeheizten Backofen schieben, dann sofort auf 140 °C herunterschalten und etwa eine knappe Stunde backen. Den fertigen Kuchen aus der Springform nehmen und auf eine Kuchenplatte legen. Die Oberfläche mit Zuckerguss (aus Puderzucker, einem Guss Milch und Zitronen- oder Orangensaft) oder Schlagsahne dekorieren. Den Rand kranzartig mit Orangeat garnieren.

Sonnenuntergang mit der Kirche von Mértola in der Umgebung von Beja.

3

4

PASTÉIS DE NATA

Sahnetörtchen ☛ *Estremadura*

1

2

Für den Teig:
250 g Mehl (plus etwas Mehl zum Bestäuben der Arbeitsfläche)
210 g Butter

Für die Füllung:
2,5 dl flüssige Sahne
4 Eidotter
15 g Mehl
100 g Zucker
Abgeriebene Zitronenschale
Puderzucker (zum Garnieren)

Portionen: 6	
Vorbereitungszeit: 35'+30'	
Kochzeit: 30'	
Schwierigkeitsgrad: ●●	
Kalorien (pro Portion): 763	
Proteine (pro Portion): 13	
Lipide (pro Portion): 52	
Nährwert: ●●●	

1 Für dieses Rezept werden Backförmchen (8-10 cm Durchmesser, ca. 1 cm hoch) benötigt. Zuerst den Teig bereiten. Das Mehl in eine Schüssel sieben. Mit dem Rührstab soviel lauwarmes Wasser zugießen, bis ein geschmeidiger glatter Teig entsteht. Den Teig eine Viertelstunde ruhen lassen. In der Zwischenzeit die Butter mit einer Gabel weich kneten. Den Teig kurz von Hand durchkneten, zu einem Laib formen und ausrollen. Die Teigplatte mit einem Drittel der Butter bestreichen (2 cm Rand lassen), die Ecken nach innen klappen, wieder durchkneten und einen Laib formen. Dann wieder ausrollen, das zweite Drittel Butter daraufstreichen, umklappen, verkneten und einen Laib formen. Das Gleiche ein drittes Mal wiederholen und den Teig dann eine Viertelstunde ruhen lassen.

2 Den Teig dann 3-4 mm dünn ausrollen, in ca. 10-12 cm breite Streifen schneiden und eng aufrollen. Die Röllchen in ca. 1 cm breite Scheiben schneiden und die einzelnen Spiralen in die Förmchen legen, dabei den Teig mit angefeuchteten Daumen am Boden und an den Rändern festdrücken (die Ränder dürfen nicht überstehen). Zur Zubereitung der Füllung alle Zutaten in einem Topf vermischen und unter ständigem Rühren auf kleiner Flamme zum Kochen bringen. Sofort vom Feuer nehmen, lauwarm abkühlen lassen, in die Förmchen füllen und glatt streichen. Die Törtchen in den auf 220 °C vorgeheizten Backofen schieben und so lange backen, bis die Oberfläche goldbraun geworden ist. Die *pastéis* herausnehmen, abkühlen lassen und mit Puderzucker bestreuen.

QUEIJADAS DE COIMBRA

Käsetörtchen ☛ *Beira Litoral*

1 Für dieses Rezept werden Backförmchen (8-10 cm Durchmesser, ca. 1 cm hoch) benötigt. Die Butter langsam in einem Töpfchen oder im Wasserbad zergehen und anschließend abkühlen lassen. Die lauwarme Butter in eine Schüssel geben, das Mehl mit einer Prise Salz hinzufügen und mit dem Rührgerät verkneten. Soviel lauwarmes Wasser zufügen, bis ein geschmeidiger, glatter Teig entsteht. Den Teig dann eine halbe Stunde ruhen lassen. In der Zwischenzeit die Füllung zubereiten. Dazu den Käse, die Eidotter und den Zucker mit dem Rührgerät verarbeiten, bis der Zucker sich ganz aufgelöst hat.

2 Den Teig ca. 4 mm dick ausrollen und damit die Förmchen auslegen. Die Füllung in die Förmchen geben und glatt streichen. Die Förmchen auf dem Grillrost aufreihen und in den auf 200 °C vorgeheizten Backofen schieben. Die Käsetörtchen ca. 35 Minuten backen, dann den Ofen ausschalten und die Törtchen im geschlossenen Backofen eine Viertelstunde abkühlen lassen. Dann herausnehmen und bei Zimmertemperatur auftragen.

350 g ungesalzener Frischkäse (oder Quark)
250 g Mehl
250 g Zucker
6 Eidotter
Salz
40 g Butter

Portionen: 6
Vorbereitungszeit: 30'+30'
Kochzeit: 35'+15'
Schwierigkeitsgrad: ●●
Kalorien (pro Portion): 553
Proteine (pro Portion): 24
Lipide (pro Portion): 19
Nährwert: ●●●

2

1

TIGELADA

Creme-Dessert ☛ *Beira Baixa*

1/2 l Milch
4 Eier
10 g Mehl
250 g Rohrzucker
Honig
Abgeriebene Zitronenschale
Olivenöl

Portionen: 4
Vorbereitungszeit: 10′
Kochzeit: 20′
Schwierigkeitsgrad: ●
Kalorien (pro Portion): 532
Proteine (pro Portion): 15
Lipide (pro Portion): 23
Nährwert: ●●●

Die feuerfesten Portionsschüsselchen (möglichst aus Terrakotta) im Backofen bei 220 °C vorheizen. Die Eier mit dem Schneebesen oder dem Handrührgerät zusammen mit dem Honig, dem Zucker und der abgeriebenen Zitronenschale verrühren. Einen gehäuften Esslöffel Mehl und die Milch zufügen und alles gut vermischen, sodass eine geschmeidige, absolut klümpchenfreie Masse entsteht.

Die Terrakottaschüsselchen kurz herausnehmen, die Masse einfüllen und wieder in den Backofen schieben. Nach etwa 20 Minuten ist die *tigelada* fertig.

TOUCINHO DO CÉU

Mandelkuchen ☛ *Douro und Minho*

Die Mandeln in kochendem Wasser brühen, abziehen, abtrocknen und fein mahlen. Zwei ganze Mandeln zum Garnieren zurückbehalten. Die Eidotter und das Eiweiß schaumig rühren. Die weiche Butter mit dem Mehl verkneten und beiseite stellen. Den Zucker in ein Töpfchen geben und in 2 dl Wasser unter Umrühren auflösen, sodass ein klarer Sirup entsteht. Erst die Eiermasse und anschließend das Mandelmehl hinzufügen und diese Zutaten auf kleiner Flamme verrühren, dann die Butter mit dem Mehl zugeben und mit dem Teigschaber umrühren, bis die Creme langsam eindickt.

Von der Herdstelle nehmen, wenn der Teig sich vom Topfrand löst und am Schaber haften bleibt. Den Teig in eine Kuchenform (möglichst mit einem Motiv) füllen, glatt streichen und in den auf 200 °C vorgeheizten Backofen schieben. Den Kuchen 35 Minuten backen, herausnehmen, ein wenig abkühlen lassen und aus der Form heben. Wenn der Kuchen ganz abgekühlt ist, mit Puderzucker bestreuen und mit Minzeblättchen und ein paar Mandelstäbchen garnieren. Das Ergebnis heißt *toucinho do céu*, ein wahrhaft himmlischer Kuchen!

12 Eidotter und ein Eiweiß
500 g Zucker
250 g abgezogene Mandelkerne
Zimtpulver
15 g Mehl
Puderzucker (zum Garnieren)
Minze (zum Garnieren)
50 g Butter

Portionen: 6
Vorbereitungszeit: 20′
Kochzeit: 1h
Schwierigkeitsgrad: ●●
Kalorien (pro Portion): 954
Proteine (pro Portion): 33
Lipide (pro Portion): 51
Nährwert: ●●●